소스 리스트 Vol. 4

김민지
『잠든 사람과의 통화』의

마윤지
『개구리극장』의

소스리스트

예소연
『사랑과 결함』의

유선혜
『사랑과 멸종을 바꿔
읽어보십시오』의

이서아
『어린 심장 훈련』의

전하영
『시차와 시대착오』의

차호지
『시작법』의

차유오
『순수한 기름』의

Vol. 4

한영원
『코다크롬』의

한여진
『두부를 구우면
겨울이 온다』의

재미공작소

목차

기획자의 말	6
추천의 말: 심장을 휘젓는 손 — 백은선	8
김민지 『잠든 사람과의 통화』의 소스 리스트	15
마윤지 『개구리극장』의 소스 리스트	31
예소연 『사랑과 결함』의 소스 리스트	47
유선혜 『사랑과 멸종을 바꿔 읽어보십시오』의 소스 리스트	63
이서아 『어린 심장 훈련』의 소스 리스트	79
전하영 『시차와 시대착오』의 소스 리스트	95
차유오 『순수한 기쁨』의 소스 리스트	111
차호지 『시작법』의 소스 리스트	127
한여진 『두부를 구우면 겨울이 온다』의 소스 리스트	143
한영원 『코다크롬』의 소스 리스트	159

일러두기

* 작품 표기는 단행본·장편·희곡 『 』, 시·논문·챕터 「 」, 잡지 《 》, 곡·영화·드라마·TV 프로그램·게임 〈 〉, 프로젝트·수업명 ' '로 묶었습니다.
* 국내에 소개된 작품명은 번역된 제목을 따랐고, 그 외 작품명은 원어 제목을 적었습니다.
* 공개된 영상이 소스이거나 참고 자료가 있는 경우 QR코드로 링크를 수록했습니다.

기획자의 말

'소스 리스트'는 2021년 1월에 시작해 현재까지 이어지고 있는 재미공작소의 오프라인 문학 프로젝트이다. '소스 리스트'에서 호스트 작가는 자신의 첫 시집 혹은 첫 소설집 탄생에 영향을 준 영감의 원천 열두 가지를 소스 리스트라는 이름으로 소개한다.

『소스 리스트』는 작가들이 '소스 리스트'에서 소개했거나 준비했던 소스 리스트들을 원고로 묶은 것으로 이 책은 『소스 리스트』 시리즈의 네 번째 책이다.

창작자에게 있어 영감의 원천이라는 것은 타인의 출입을 쉬이 허락하지 않는 자신만의 비밀 정원 같은 것일지도 모른다. 하지만 이 책의 출간에 함께해 준 열 명의 작가들은 소스 리스트를 통해 각자의 비밀 정원 한 켠으로 우리를 기꺼이 인도한다. 그들의 배려에 감사의 마음을 전한다.

추천의 말
심장을 휘젓는 손 —백은선

이 책에 참여한 첫 책을 낸 작가들은 모두 용감하다. 자신이 무엇으로부터 영향을 받았는지 이렇게 솔직하고 열렬하게 적을 수 있으니 말이다. 내 생각에 첫 책을 낸 후는 자신이 받은 영향을 가장 숨기고 싶은 시기이기 때문이다. 다른 작가들은 어떤지 모르겠지만, 나의 경우는 그랬다. 누굴 닮았다거나 어떤 시인의 자장 아래 있다는 말들에 질려 나는 방어적으로 굴었던 것 같다. 하늘에서 뚝 떨어진 존재처럼. 땅에서 불쑥 솟아난 존재처럼.

　이 글들을 읽으며 몰랐던 노래를 찾아 듣기도 하고 영상과 영화를 찾아보기도 했다. 도미노처럼 쓰러지는 우리의 이야기들. 끝없이 쓰러지며 줄줄이 흩어지는 아름다운 조각들. 반짝이는 것이 여기 있다! 소리치고 싶은 마음. 그리고 같은 것을 좋아하는 작가의 글을 읽으면 내적 친밀감이 생겼다. 저도요. 저도 그래요. 말하고 싶었다. 언제 그럼 같이 바다에 가자고 전시를 보러 가자고 영화관에 가자고 갑자기 연락해 말하고 싶었다.

＊

외로움은 사람을 어디로 끌어당길까. 그리고 관계는 어떻게 영혼을 술렁이게 하는가. 물에 비친 나무의 그림자. 흔들리는 검정 아래 서서. 빌고 비는 마음으로 간절해질 때. 우리는 어떻게 휘어지고 있는가. 여기 사람이 있어요. 가끔 그런 말을 생각한다. 여기, 사람이, 있어. 너무나 당연한 사실을 간과하고 살게 될 때. 사람과 사람이 마주치고 말을 주고받고 말들이 서로 뒤엉켜 커다란 호수가 되고 바다가 되고 흘러넘쳐 땅을 적시는 일.

눈이 눈을 가만히 바라보는 일. 눈동자 같은 글들을 읽으며. 가끔은 눈을 꽉 감으며. 실눈을 뜨며. 몇 번이나 같은 문장을 반복해 읽어 내려가며. 사람과 사람. 책과 책. 빛과 빛. 어둠과 어둠이 이어지는 순간 폭발할 듯 쏟아지는 향기를 생각한다. 물론 이 모든 것은 전부 뒤섞여 연결될 수도 있다. 손이 발을, 눈이 어깨를, 나무가 물을 향해 기울어지듯. 볼 수도 만질 수도 없는 것을 오래오래 생각하다 보면 열리는 것이 있다.

*

 아무도 없는 방에 앉아 내내 어둠을 만지고 놀던 유년의 한낮을 떠올린다. 그리고 반복해 꾸던 몇 가지 꿈을. 사실은 언제나 그 꿈들이 나를 여기까지 데려온 것이라 생각했어. 내내 줄넘기를 하던 꿈. 기차에 치이는 꿈. 가장 커다란 동시에 가장 작은 존재가 되어. 매일매일 줄을 넘으며. 땀을 뚝뚝 흘리며. 두 발이 잠겨 땅속에 붙박인 나는 끝없이 관통당했어. 그런 꿈에 수차례 걸려 넘어지며.

 기원을 생각하는 일. 기원의 기원을 더듬어 올라가거나 내려가는 일. 사랑이라 말하고 뺨을 내미는 작은 새들. 새들이 부리를 쪼아 만든 작은 흉터들. 그 모든 것을 함부로 사랑이라고 말할 수 있다면. 미움이라고 읽어도 된다면. 앞면과 뒷면. 깨끗한 종이처럼 울려 퍼지는 마음. 마음과 마음. 여기 마음이 있어요.

*

사라진 곳을 기억하는 사람들의 마음을 모아 하나의 천에 수놓을 수 있다면 그 무늬는 얼마나 다채롭고 아름다울까. 어디를 가면 자꾸만 돌을 집어 오는 버릇. 그 돌이 견뎠을 긴 세월과 그 안에 담긴 시끄러운 침묵을 생각하며. 사라진 사람을 생각하는 마음을 모아 탑을 쌓는다면 그 탑은 얼마나 위태로울까. 얼마나 높을까. 자꾸만 입을 다물게 하는 기억들. 날개 아래 감춰진 가장 부드럽고 연한 부분을.

비밀과 고백은 하나의 상자 속에서 생겨난 다른 빛의 그림자들 같다. 너를 잃을까 두려워 너의 이름을 부르지 못했던 긴 밤들. 모든 고백 속에는 오해를 견디겠다는, 그럼에도 불구하고 말하겠다는 절박이 들어 있다. 길고 긴 이름들, 그 이름들이 밤하늘의 별처럼 먼 우주에서 이미 사라진 빛이라 해도. 여기 도달했다는 사실에는 틀림이 없다.

심장을 휘젓는 손이 있다.
여기 있다.

김민지

부러우면 부럽다고 말하는 사람은 된 것 같다. 부러움이 부끄러움으로 찾아오면 안도한다. 오랜 부끄러움이 칭찬에 연연하지 않고 말 없는 시간을 보내길 바란다. 불쑥 몸을 일으키고 움직일 힘이 되었으면 좋겠다. 개선을 최선의 가치로 두고 살며 스스럼없이 글 쓸 날이 올까. 죽기 전에 한 번쯤 제대로 여과하고 싶다. 이제 남은 새로움은 아마도 거기에 있을 것이다.

김민지의 첫 시집
『잠든 사람과의 통화』
2024년, 창비

잠든 사람은 죽은 사람인가요? 잠든 사람과 통화를 어떻게 하나요? 반문하고 싶었다. 정체가 밝혀지고 현실적으로 가능하면 속이 시원해지나요? 내내 살아 있었으면 하는 사람이 있다는 것. 사랑한다는 것. 그 마음을 통 모르다 애써 외면하다 이내 자각하는 순간까지 쓴 시들이 모인 책이다. 어쨌거나 이 통화는 수신자 부담이고, 잠든 사람이 먼저 건 것이다.

『잠든 사람과의 통화』의 소스 리스트

김민지

1

향

천계영의 만화 『언플러그드 보이』에서 슬플 때는 힙합을 춘다던 강현겸의 대사를 떠올린다. 가만있어 보자. 난 슬플 때 주로 뭘 하지. 난…… 슬플 땐 개코가 돼……. 그렇다. 이상하게 슬프면 슬플수록 후각이 발달한다. 퇴근길 올리브영에서 의미 없는 시향의 시간을 보내기도 하고, 슬픔을 감추려고 뿌리는 향수도 있다. 어쩐지 제대로 된 슬픔 없이는 시를 쓸 수 없는 나. 냄새 하나는 기가 막히게 잘 맡는 게 내 유일한 현실 능력인가 짐작은 했는데…… 시집 해설에 "가능성의 냄새"라는 표현이 있었다. 김수이 평론가님이 짚어 주신 그 냄새를 책임감 있게 잘 조향하고 싶다.

2
고트 *GOAT*

한동안 세상은 그저 GOAT 언급으로 가득했다. "Greatest Of All Time"의 약자로 지지하고 감탄하는 대상에 따라붙는 말. 그러다 첫 시집에도 그것이 있다는 걸 번뜩 깨달았다. 그것. GOAT. 그러니까 줄임말 아니고 그저 GOAT. 그저 염소가 있었다. 시 「염소가 열리는 나무」는 무심코 본 영상에서 예상하지 못한 모습으로 염소가 등장했기에 쓸 수 있었다. 원테이크 같은 삶에 불쑥 끼어드는 대상들. 그로 인한 잔상들. 나는 촬영감독이 인서트를 따듯 시를 쓰는 편이다. 첫 시집 최고의 인서트 주역으로 염소를 손꼽는다. 이유는 명료하다. 그가 절벽이나 아르간 나무에 오르는 모습이, 그 눈동자가 모든 삶을 대변하기 때문이다.

3

포장도로

검은 도로. 지금껏 살면서 가장 많이 본 도로. 그 검은 포장도로에서 떠올렸던 생각들이 몇 편의 시로 쏟아졌다. 아스콘에서 아스팔트까지. 바닥과 발바닥을 느끼는 일을 반복하며 쓴 시가 많다. 「포트홀」을 쓰고 실제 포장도로에 생긴 포트홀을 보수하는 영상을 찾아보고, EBS 〈극한직업〉에서 사람들이 아스팔트를 까는 영상을 몇 번이고 돌려보았다. 그렇게 포장도로 디깅을 반복하면서 성냥개비처럼 바닥을 긁고 다니는 듯한 느낌을 자주 받았다. 일종의 바닥 탐사기로서 이 시집이 읽혔으면 했다. 지치고 힘들 때는 와식으로 감상해도 좋다.

4
파더 존 미스티 *Father John Misty*

어렵게 털어냈다고 생각했던 냉소가 들끓을 땐 파더 존 미스티의 〈Pure Comedy〉 뮤직비디오를 세상 지켜보듯 본다. 인간의 모순. 너무나 싫은데도 덕지덕지 달라붙어 뒤엉키는 인간성에 진저리가 날 때쯤 찾아 드는 노래다. 이 노래 가사는 뭐랄까 마시는 소화제 같다. 까스활명수보다는 위생천에 가까운 그런 느낌이랄까. 어느 정도 냉소에서 해방된 날에는 〈Real Love Baby〉 뮤직비디오를 보고 노래에 맞춰 홀로 춤을 추기도 한다. 같은 뮤지션의 음악인데 이럴 수가 있나 싶을 만큼 다른 무드가 느껴진다. 그런데 또 그 모든 걸 소화하는 게 인간 아니겠는가. 두 곡을 냉탕과 온탕처럼 왔다 갔다 들으며 시를 썼다. 요즘도 그런다.

5
취미 미술

빼어난 손재주는 없지만 손으로 사부작사부작 뭔가를 만드는 것을 즐긴다. 취미 미술의 방편으로 했던 것들이 시 군데군데 요소로 자리할 때가 많은 편이다. 유년의 영향인가 싶기도 하다. 그 시절 김영만 아저씨가 알려준 종이접기부터 밥 아저씨가 알려준 붓질까지. 김충원 아저씨가 펴낸 미술교실 시리즈 책들도 새록새록 기억이 난다. 사부작거리던 과거의 작은 손들과 머뭇거리던 손들을 되찾아와 시를 쓰곤 했다. 「회문공작소」, 「너의 천체는 이렇다」, 「마티에르」 등 여러 편의 시를 쓸 수 있었던 건 그 모든 손짓 덕분이다. 꼼지락거리는 일이 결국 시를 쓰게 한다. 손끝을 움직여야만 닿는다. 오밀조밀한 감정일수록 그렇다.

6
실과 천

왜 이렇게 먼지가 날릴까. 집이나 시집이나. 먼지에서 벗어날 수 없음을 깨닫고 설핏 좌절감을 느꼈지만, 결국 그게 또 살아 있는 시간의 증거 아닐까. 책 먼지 못지않게 옷 먼지 가득 날리는 시집을 쓰게 될 줄은 몰랐다. 실부터 천까지. 「홀가먼트」, 「콜로라마」, 「불릿의 시」, 「실키」, 「웃옷」, 「에스키스」도 모자라 심지어 시인의 말에도 올 많은 수건이 있었다. 몇 년 전 니트웨어와 텍스타일을 디자인하는 작가님과 인터뷰할 일이 있었다. 그때 질문하고 받아온 이야기 속에서 길어 올린 이미지들이 삶의 경험과 맞닿으면서 시로 거듭났다. 통으로 직조해 매끄러운 "홀가먼트" 이미지를 그리며 "곁꾼"이라는 단어를 떠올릴 수 있던 값진 경험이 있었다.

7

사무

매일 직장에서 반복하는 사무가 시 쓰기에 노움이 될 리가 없지! 그렇게 심통만 부리는 게 하등 시 쓰기에 도움 안 되는 일임을 깨달았다. 그 사실을 깨닫게 된 지는 얼마 안 됐다. 시집 속에 실린 근작 몇 개는 지난 심통을 뉘우치듯 썼다. 「0의 분포」, 「유형성숙」, 「생육조사」, 「나의 단축어 생성」 같은 시를 쓸 수 있었던 건 놀랍게도 직장 생활 경험 덕분이다. 허나 직장에서의 모든 시간이 시로 거듭나지는 못한다. 출퇴근길 광경, 점심시간 양치하며 내다보는 창밖이나 거울 속 표정, 동료와 막간에 나눈 대화, 회의 도중 잠시 멍해지는 순간, 시로 거듭날 수 있는 순간은 경험상 그런 틈에 끼어 있을 때가 많았다.

주디 실 *Judee Sill*

"들어 보셨어요?" 이런 물음으로 시작하는 추천은 믿고 듣는다. "읽어 보셨어요?" 이런 물음으로 시작하는 추천에 어떤 책을 읽듯이. 시각적 현란함에 도파민이 차오르는 시대에 그저 듣는다는 것. 더 읽고 싶다는 의지로 스스로 눈동자를 움직이고 책장을 넘긴다는 것. 그런 일들이 점점 더 귀해진다. 주디 실은 오래전부터 믿고 듣던 뮤지션이 조용히 귀띔해 준 뮤지션이다. 10여 년 전 추천받은 주디 실 목소리를 내리 들으며 시를 쓰는 새벽이 여전히 좋다. 주디 실의 생을 알고 들으면 그 목소리가 더욱 깊숙이 마음에 파고든다. 이 글을 읽는 분께 그때 그분께 선물로 받은 물음을 돌려드린다. "들어 보셨어요?"

9
스노 글로브

월터 마틴 & 팔로마 무뇨즈Walter Martin & Paloma Muñoz의 작품을 좋아한다. 이들이 엮은 책『TRAVELERS』에는 직접 만든 스노 글로브 사진들이 실려 있다. 겨울 특유의 건조함, 하얀 눈의 결정을 들여다보는 것으로 시 쓰는 순간을 이어 나갈 때가 많은데 겨울이 아닐 때에도 이들의 작품을 보면서 시를 쓰곤 한다. 「하나와 마나」는 현실 감각과 이런 감상들이 더해져 완성할 수 있었던 시다. 무언가를 응시하는 것만큼 좋은 시 쓰기 방법이 있을까. 전시 보러 나갈 힘도 없을 때 온종일 들여다봐도 좋을 스노 글로브 한 개만 있어도 좋겠다는 상상을 한다. 아직 실제로 보진 못했지만 언젠가 이들이 만든 스노 글로브를 두 눈에 가득 담고 싶다.

10
아기 해달 신더

이성복 시인의 『고백의 형식들』에 수록된 「나는 왜 문학을 하는가」를 읽으며 깊이 공감한 대목이 있었다. 다름 아닌 아기 해달 이야기였는데, 온 집중력을 다해 시 쓰는 심정을 감각적으로 반추해 볼 수 있는 이야기라 필사해 두고 시집을 완성하는 내내 책상 앞 벽에 붙여 두었다. 언젠가 내셔널지오그래픽 다큐멘터리로 "Cinder"라는 이름을 얻게 된 아기 해달 이야기를 본 적이 있다. 말 그대로 "재"라고 읽을 수 있겠으나 타고 남은 재 "ash"와는 달리, 타지 않고 남아있는 부분을 짚어내는 이름이었다. 그 아기 해달의 생존을 종종 떠올린다. 그리고 아기 해달의 심정으로 계속 시작한다.

11

돌편지

스물에 본 영화 〈굿바이〉가 인생 영화로 굳건히 사리를 지키고 있다. 배경만 다를 뿐 주인공의 서사 자체가 원체 내 삶의 급소를 노린 것처럼 그려져 있다. 이 영화에 등장하는 돌편지처럼, 시집 속 화자가 생일 쿠폰 같은 "후무사 자두"를 손에 쥐었으면 했다. 진짜 돌도 물론 들어 있다. 「밀양」과 「가만 나만 다만」에 등장하는 돌은 손에 쥐기엔 너무 많거나 잘거나 큰 것이다. 이렇다 할 문구 없이 그저 어떤 형체로만, 단단함으로만 전해질 수 있는 진심 어린 편지가 있다는 것을 안다. 그 편지를 쥘 수 있는 시집 속에 무수한 손들을 헤아려 본다. 가장 사랑하는 손은 아무래도 「top note」에 등장하는 "오래 쓴 도마 같은" 손이다.

12
호시노 겐 星野源

사는 게 벅차서 눈물이 왈칵 날 때가 있다. 감당이 안 돼 벅차기도 하지만 가끔 감동으로 벅차는 때도 있다. 「아몬과 마몬」에 등장하는 "더 나뉘지 않는 순간", 「구분 짓기」에 등장하는 "미래", 「시간을 재는 시간」의 정경처럼 전처럼 나아질 수 없는 기분이지만 나아가는 삶을 추구한다. 그렇게 내 삶엔 체념과 낙관이 공존한다. 지금까지 그 공존으로 삶을 지속해 왔다. 시를 쓰기 한참 전부터 피부로 느꼈던 현실과 그럼에도 포기할 수 없던 추구미를 동시에 실현하고 있는 아티스트를 알게 됐을 때, 그 벅참은 이루 말하지 못한다. 올해는 꼭 그의 첫 내한 공연에 갈 거다. 호시노 겐이 〈미래 未來〉를 불러 준다면 좋겠다.

소스 리스트

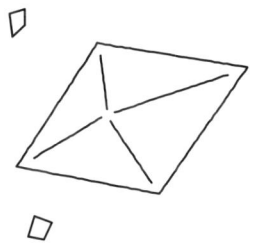

마운지

사노 요코의 그림책 『백만 번 산 고양이』에 대해 종종 생각한다. 백만 번 산 고양이는 백만 번 살고 나서야 다시 태어나지 않았지만 나는 단 한 번만을 가지고 태어났다. 그건 아마 이 단 한 번이 백만 번 같은 한 번이라는 뜻이다. 단 한 번의 삶으로, 너무 거대하거나 너무나 아무것도 아닌 매일을 산다는 뜻이다. 이것은 신의 무자비가 아니라, 희망에 다다르기에 필요한 고통임을 믿는다. 이 믿음에 굉장한 용기와 모험이 필요하다고 해도, 나는 믿는다.

마윤지의 첫 시집
『개구리극장』
2024년, 민음사

첫 기쁨이다. 첫 슬픔이다.
깨끗하게 지우며 더 먼 곳으로 가고 싶다.

『개구리극장』의 소스 리스트

『조용한 세계』
이미나

시가 시작되기 전, 하얗고 드넓은 땅을 보고 있다. 고요함 속에서, 간절함 속에서. 그리고 그 땅이 나를 보고 있다. 그저 보고 있다. 늑대와 나무, 설원의 선이 무척 거칠고 굵다. 자세히 보면 안팎으로 부드러운 선이 흐르고 있다. 나는 늑대나 사슴보다도 나무를 자세히 보았다. 어딜 가도 나무를 자세히 본다. 나무들은 소리를 모조리 머금고 있다. 시가 시작되기 전처럼. 오래전 이스라엘에서는 나무 밑의 사람을 보고 그가 기도하고 있다는 걸 알았다고 한다. 「공원 색칠하기」의 검은 등을 가진 사람은, 나무 그늘 속에서 기도하고 있다. 나무들은 늑대와 인간의 소리를 듣는다. 시가 시작되기 전처럼. 시는 쓰이면서가 아니라 쓰이기 전 이미 분명해져 있다.

2

『어떤 그림』
존 버거, 이브 버거
John Berger, Yves Berger

삶이 거대하다는 걸, 동시에 매우 작고 구체적이라는 걸. 안다. 아는 것 같다. 감당할 수 없는 것들을 보면 덜컥 두렵다. 나의 첫 조카, 파킨슨 환자인 아빠, 매일의 가난이 그렇다. 이것이 과연 '너무 짧은 것'이 될 수 있을까? 이 무궁무진함이 언젠가 닳는다는 것을 어떻게 믿어야 할까? 자신이 없을 때마다 이 편지를 들고 자주 걸었다. 편지 덕분에 오래 걸었다. 그림 속에서, 시의 더 안쪽에서 영원과 찰나가 포개어지곤 했다. 감당할 수 없을 땐 감당하지 않는다. 포개어진다. 나의 화자는 시의 안팎에서 그렇게 살아간다.

3

지렁이

태풍으로 비가 줄곧 내리던 날. 아주 잠시 비가 그쳐, 산책을 나섰다가 지렁이를 보았다. 길 한복판 물웅덩이에서 몸부림치는 지렁이. 손으로 만질 수는 없었다. 지렁이에게 인간의 체온은 뜨겁다. 지렁이는 내게 거대했다. 그 몸부림과 매끄러운 표피. 망설이다가 빳빳한 풀잎을 이용해 옮겼다. 손에 닿을까 겁이 났다. 긴 나무 막대를 주워 돌아왔다. 거대하고 작은 지렁이를 마주치면 또 옮기기 위해. 그 아름다운 덩어리에 대한 나의 두려움이 가벼워지지 않아도. 숨 쉬게 하기 위해. 어떤 것은 닿지 않는 방식으로만 닿았고, 체득할 수 있었다. 그것이 나를 두렵게 하고 또 기대하게 했다. 「오랑은 사람 우탄은 숲」처럼.

4
『두두』
오규원

대학 졸업 후 이따금 시를 쓰면서, 늘어난 것이라곤 불필요한 자아였다. 몸 밖(세상)의 일들을 쓰는 것에 대해 감각하지 못했다. 나의 허기짐, 욕망, 놀이, 관념에 집중했다. 가장 고통스러운 몰두라고 생각했으나 편리했고, 쉬웠다. 내게는 그랬다. 몸(나)에서 벗어나서야 몸(나)을 알게 된다는 것을 오규원의 『두두』를 읽으며 감각했다. 자유로웠다. 시의 문장은 짧게, 감각은 지속하고 싶었다. 나 자신의 의미를 설명하거나 증명하지 않아도 나는 존재하고 있다. '최소'여서 가능한 해방이 나를 최대로 기쁘게 했다. 첫 시집을 엮으며 가장 마지막까지 쓴 시편들은 문장이 짧은 편이다. 짧은 문장이 꼭 자유만을 주는 것은 아니다. 새가 날기 위해 자신의 일부를 버린 것. 그리고 버렸다는 사실에서조차 자유로워진 것. 빛나는 그것을 지금도 너무나 원하고 있다.

5
『사랑은 탄생하라』
이원

쿠팡 이천 물류창고 화재, 세월호 참사, 이태원 참사, 돼지 살처분에 대한 시를 첫 시집에 실었다. 그것을 불가능해 보이는 희망에 가깝게 쓰고 싶었다. 끝내 희망에 닿는 이 전복이 언제나 나를 쓰게 한다. 4부에는, 울어야만 끝까지 읽을 수 있는 시편이 많다. 울어야만 끝까지 가, 닿을 수 있다. 사라지면서, 생겨나면서, 희끄무레한 자리. 승리할 듯 아직은 승리하지 못한 사랑. 뒤척이고 뒤집히면서 가 닿는 힘이 이 시집에 있다. 사랑은 탄생했을까? 고통에도 천진함이 필요한가? 물음에 대한 답을 썼다.

6
『슬픈 감자 200그램』
박상순

명징한 슬픔과 명랑한 절망이다. 몇 년을 읽지 않다가 몇 번을 다시 읽었다. 박상순 시인의 '물성'이 내 몸 안에 옮겨 다닌다. 시에게 또 시의 화자에게, 너무나 분명해서 낯선 '물성'을 주고 싶었다. 그럴 수 없어서 그러고 싶었다. 그럴 수 없어서 그렇게 해야 했다. 만질 수 없는 것은 왜 이렇게 분명한 걸까. 왜 이렇게 분명해서 사는 일을 힘들게 할까. 눈에 보이지 않는 것들을 딱딱하게 만들어 멀리멀리 던져 보고 싶을 때마다 펼쳐 읽었다. 잘 되지 않을 땐 감자가 되고 싶었다. 얍. 그럴 수 없어서 그러고 싶었다.

7
「참 오래된 호텔」
김혜순

어떤 사람이 떠나고 나서 그 방은 오래도록 비워져 있고, 비워져 있고, 비워져 있고. 어떤 사람은, 아니 그 방의 문에 새겨진 이름은 자살한 내 이모고 타살당한 아이들이고. 내가 내 시의 문을 열어볼 때마다 나타나는 영혼들. 시를 쓰면서 앞이 캄캄하고 아득할 땐 선생님의 가슴에 있는, 불이 꺼지지 않는 호텔의 창문을 두드렸다. 내 가슴에 있는 객실 하나하나를 열며 일기도 썼다. 일기는 나의 오랜 습관이 되었다. 나이면서 나는 아닌, 혹은 나만은 아닌 사람들이 일기와 시를 들락거린다. 온전히 내가 될 수 없고 온전히 다른 사람이 될 수 없는 호텔을 첫 시집에 세우려 했다.

〈성적표의 김민영〉
이재은, 임지선

극장에서 사람들의 얼굴을 자주 훔쳐본다. 공연장에서, 박물관에서, 미술관과 도서관에서도. 보는 것에서 그치지 않고 일부를 갖는다. 정희는 민영의 오디션 비디오를 본다. 영화는 그 순간 〈김민영의 성적표〉가 아니라 〈성적표의 김민영〉이 된다. 김민영이 이룬 무엇이 아니라, 김민영을 이루고 있는 무엇을 호명한다. 민영을 바라보는 정희의 얼굴. 그런 얼굴을 나는 보고 싶다. 민영을 바라보는 정희의 얼굴을 시로 쓰고 싶다. 정희의 삶으로 걸어 들어가고야 마는 얼굴. 겹쳐지다 못해 잠시 하나 되는 얼굴. 개구리극장에서 삶과 죽음을 보는 개구리들의 얼굴.

9

〈우리들〉
윤가은

아이들과 함께 있으면 문득 불편하다. 내가 느끼는 아이들은 들끓고 있다. 아이들은 모든 것을 흡수한다. 흡수해서 아예 흡수한 무엇이 되어 버리거나 흡수하지 못해서 모든 것을 뱉어 낸다. 나도 그런 아이였다. 첫 시집의 아이들은 맑고 어둡고 투명하다. 맑아서 그늘이 더 잘 보인다. 투명한 그늘이다. 아이들의 말은 떨리고 있다. 변화하고 자라고 쉽게 넘어지고 어느 사이 일어서 있는 말이다. 10년 가까이 초, 중, 고등학생 아이들과 지냈다. 아이들은 자라면서 그늘의 모양이 달라졌다. 그의 유년과 나의 유년이 한날한시 어느 모양에서 만난다. 존재하는 시간 여행이다. 나는 시 속 아이들의 말을 생생히 듣는다. 그것은 시 밖에서도 일어나는 일이다.

⟨Bach: Chaconne from Partita No. 2 in D minor, BWV 1004⟩

정경화

눈물을 지우고도 눈물을 흘릴 수 있을까?
태양이 사라져도 밤을 알아차릴 수 있을까?
입술이 없어도 귀를 상상할 수 있을까?
연주자는 사라지고 연주가 남는 것. 존재를 내어놓는 것. 사라지는 것이 아니라 나타나는 것. 나는 시 밖에서 시인으로 증명되지 않고, 시 속으로 뛰어들어가 사라져 버리고 싶다. 읽는 사람만이 시의 자리에 나타나길 소망한다.

11
임진강

2010년 여름, 연천에 갔다. 친구들과 밭의 흙을 다지고 잡초를 뽑았다. 임진강으로 이어지는 하천에서 한참을 물놀이했다.

2019년 가을, 아프리카돼지열병 확산으로 연천에서만 47,000여 마리의 돼지가 살처분되었다. 강이 핏빛이었다. 핏빛이 아니고 다 피였다. 시의 목소리는 임진강에서 들려왔다. 목소리를 잃은 존재들에게 입술을 그려 줄 수 있다면. 감히 그럴 수 있다면. 허락을 구하는 마음으로 시를 썼다. 앞으로도 내내 허락을 구한다.

《올챙이 발가락》
한국글쓰기교육연구회

어린이가 쓴 시는 동시가 아니다. 어린이가 쓴 시는 '시'다. 단순함 속에서 발견한 분명한 세상. 그러나 단순하지만은 않음. 발랄한/발랄하지 않은 슬픔 있음. 내가 언제나 언제나 쓰려는 시.

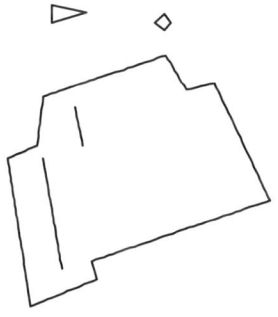

예소연

잠을 많이 자서 하루가 빨리 가는 것이 좋다. 그것이 전혀 낭비라고 생각하지 않는 편이다. 내가 의지를 가져야만 하는 시간이 최소가 되었으면 한다. 그 최소의 시간에 맞춰 최선이라고 생각되는 일들을 하고 싶다. 마음처럼 되지 않는 것이 바로 삶이라 여길 때 비로소 숨을 쉴 수 있을 것만 같다.

예소연의 첫 소설집
『사랑과 결함』
2024, 문학동네

그런 이야기를 쓰고 싶다고 생각한 적이 없었는데 쓰고
보니 그런 이야기가 되어 있었다. 쓰는 내내 인물들은
자꾸 자신이 가고 싶은 길로만 갔고 나는 헐떡거리며 그
길을 뒤따랐다. 그러다 간신히 어깨를 붙잡고 저기
나 있는 저 작은 길로 가보자고 말하면 이따금 순순히
따라 주었다. 이건 나의 망상일 수도 있다.
하지만 단연코 내가 이들을 그리하게 만든 적은 없다.
내 머릿속에서는 이들이 그저 그리했을 뿐이다.

『사랑과 결함』의 소스 리스트

예소연

1
김승일

처음 김승일의 일기를 읽었을 때 나는 어학원에 딸린 작은 서점에서 일을 하고 있었다. 개강할 때가 아니면 아무도 나를 찾는 사람이 없었다. 복도 한 귀퉁이, 수험서가 가득 쌓인 그곳에 앉아 그의 일기를 허겁지겁 먹어 치우듯 읽은 기억이 난다. 그리고 작은 노트를 샀고 정말 오랜만에 일기라는 것을 써 보았다. 나는 그가 남긴 지독한 우울의 흔적을 흘긋거리며 위안 삼았고 시시덕거렸고 사실은 그게 음침하다고 생각하면서도 좋았다. 나도 나의 우울이 누군가에게 시시덕거려지면 좋겠다고 생각했다. 그래서 글을 쓸지도 모른다고 생각했다.

2
〈안경〉
오기가미 나오코
荻上直子

산다는 건 모래사장에서 느닷없이 체조하는 것과 다름없지 않을까 생각했다. 맥락이라는 거, 그렇게 중요하지 않은 것 같았다. 우리가 만든 세계에서 우리끼리 말이 통하는 그 순간이 전부일 수도 있지 않을까. 그러면 말이 되는 세계를 만들기보다 말이 통하는 세계를 만드는 게 중요할 거다. 인물이 어떤 말을 뱉었을 때, 그게 스스럼없게 느껴질 수도 있는 세계 같은 거. 그런 생각을 하면서 엉성하기 위해 좀 더 치밀해져야겠다는 다짐을 하게 됐다. 그래서인지 나는 『사랑과 결함』에 수록된 단편들을 쓰는 내내 자꾸 중요한 대목에서 시시껄렁한 농담이나 해댔는데, 나는 그것이 그들 나름의 언어라고 생각했다.

3

〈플리백〉
BBC, Prime Video

뒤를 돌아 화면 밖의 나에게 말을 거는 플리백. 천연덕스럽게 윙크하고 다시 곧장 극으로 빠져드는나. 실은 그는 자신의 삶을 진창으로 만든 어떤 사건으로 인해 넋이 나가 있지만, 어떻게든 살아보려고 한다. 나는 '어쩔 수 없음'에 완벽히 굴복한 플리백의 그 어정쩡한 미소를 사랑하게 될 수밖에 없었다. 그리고 내가 어떤 사건에 대한 이야기를 한다면, 그리고 그 사건이 정말로 핵심이 되어야 한다면, 그것을 서사에 적극적으로 취할 것인지, 소극적으로 취할 것인지는 아주 대단한 문제가 될 것이며 어쩌면 그게 그 이야기의 전부가 될 수도 있겠다고도 생각했다. 사실 우리가 생각했던 수많은 그 핵심들은 결국 기억의 문을 통과하며 다양한 모양으로 마음에 남아 있으니까.

4
〈나기의 휴식〉
TBS

좋은 드라마를 보면 그 드라마 속 인물을 정말 애정하게 된다. 잘됐으면 좋겠고 평생 행복했으면 좋겠다. 그런데 그렇지만은 않을 것 같은 불안감이 동반한다. 에피소드를 거듭하면서 나기의 다음 이야기가 궁금해지고 그의 선택에 집중하게 된다. 인물의 선택은 독자를 긴장시키는 요소이기도 한 것 같다. 그러지 말지, 싶은 선택을 해도 좋고 그래 잘했어, 싶은 선택을 해도 좋은 것 같지만 난 전자의 인물을 선호한다. 내가 아닌 인물, 그럼에도 나인 인물. 조금씩 엇나가는 선택을 하지만 그럼에도 고개를 끄덕이게 되는 인물을 만나고 싶다, 늘.

5
「막」
지다웨이
紀大偉

복잡한 세계관을 긍정하게 되는 순간을 곰곰 되짚어 보았다. 그 세계관이 빈틈없고 완벽해서는 아닌 것 같다. 그 세계 속 이야기에 내가 마음을 주게 되는 순간, 그 세계관을 비로소 내가 모르는 저편의 세계로 인식하게 된달까. 『막』에 등장하는 해서 도시를 보면 오히려 작디작은 부분을 구체적이고 체계적으로 다듬는 과정에서부터 세계관에 대한 설득력이 생길지도 모른다는 생각이 든다. 세밀한 감정선이라거나, 세계관과 매치된 복잡다단한 인물의 심리 설정 같은 것들. 어느 순간부터 나는 그런 세밀한 감정선을 짜 넣는 것을 포기했다. 내가 인위적으로 만들어낸 것은 결코 세밀하지 않기 때문이다. 그런 것은 내가 모르는 새 만들어진 인물의 켜가 구성하는 것이고 그런 그들이 이루는 세계가 곧 세계관이며 나는 내가 만들어 놓은 그 최소 단위의 룰 안에서 그들의 삶이 비껴나오지 않도록 애쓰는 것에 다만 지나지 않는다.

6
동거

친구와 동거를 하면서 나는 내가 어떤 상황에서 기뻐하고 슬퍼하고 또 화가 나는지를 조금씩 알게 되었다. 일단 함께 살아가면서 내가 나를 너무 모른다는 것부터 알게 되었다. 우리가 서로의 기분과 심정과 마음을 헤아리면서 했던 말을 떠올리며 소설을 쓰곤 했다.

〈성적표의 김민영〉
이재은, 임지선

자랄수록 세계에 대한 실망만 떠안게 되는 나날들이었다. 그래도 친구와 있으면 지나치게 즐거웠고 그때는 정말 즐거워서 즐거웠는지 아니면 즐겁고 싶어서 즐거웠는지 어쨌든 많이 웃기만 했다. 그러다가도 나와 내 친구는 금세 서로에게 등을 보이고 멀어졌다. 나는 그런 마음이 절대 가벼웠다고는 말하고 싶지 않다. 나도 그때를 배경으로 한 소설을 쓰고 싶다고 생각했다. 영화를 보고 와서 동거인에게 성적표를 만들어 주었다. 동거인이 고맙다고 했다. 기분이 좋았다.

윤이형

데뷔작부터 시작해 발표된 거의 모든 작품을 읽으면서 나는 이 작가의 소설을 사랑할 수밖에 없다고 생각하게 되었다. 고민의 흔적과 신경 쓴 마음 같은 것들 다 내 멋대로 해석했고 그래서 내 멋대로 좋아할 수 있었다. 나는 작가가 만든 하줄라프라는 세계에 오랫동안 빠져 있었고 그 세계가 정말이지, 어딘가에 존재한다고 믿고 싶었다. 그런 이야기를 쓰고 싶다고 생각했다. 존재하지 않지만 존재할지도 모르는 어떤 세계 속에 나를 닮았지만 또 나와 다른 인물을 가담시켜 적극적으로 경계를 흐리는 이야기. 하지만 줄곧 사소한 실패를 거듭해서 미안해할 수밖에 없는, 그런 이야기들.

9
백현진

아빠가 아플 때 한창 백현진의 노래를 들었다. 내가 좋아하는 누군가가 죽으면 내 근처에 그 누군가와 같은 작은 빛이 늘 존재했으면 좋겠다는 생각을 했다. 그럼 나는 그 빛을 벗 삼아 정말 잘 살아볼 자신이 있는데. 나는 내 평생의 연구 대상인 아빠를 내 소설에 등장시키고 싶다는 생각을 오랫동안 했고 실제로 그렇게 했다. 그게 지금은 나를 따라다니고. 그럼 그게 내 빛이 될 수 있으려나.

10
〈데몰리션〉
장 마크 발레
Jean-Marc Vallée

외벽은 그럭저럭 괜찮은데 내벽이 계속 허물어진다. 보기에는 멀쩡한 것 같은데 곳곳에 누수의 흔적이 보이기 시작한다. 요즘 내가 그렇다. 내 삶에 있어서 중요한 게, 아주 중요한 게 하나 사라졌는데 그게 이제는 뭔지 잘 모르겠다. 상실은 사람을 어리둥절하게도 만드는 것 같다. 나는 행복하다고 말하고 싶은데 이제는 행복한 게 뭔지 잘 모르겠다. 만약 아빠가 죽지 않았다면 나는 지금의 상태를 행복하다고 말했을 것이다. 이제는 그런 소설도 쓰고 싶지 않다.

11
시절과 기억

나와 나의 사람들이 얽혀 있는 시절과 기억에는 마력 같은 게 존재하는 것이 분명하다. 그게 나를 만들었으니까. 이런 사람으로. 좋은 건지 나쁜 건지는 모르겠지만 어쨌든 나는 이렇게 자랐고 지금도 자라고 있다. 나는 그런대로 소설을 쓰는 사람이고 그런 사람으로서 언제나 괜찮은 사람이고 싶은데 그렇기에 시절과 기억에게 언제나 빚진 마음이 든다.

12

문제

곰곰 생각해 보면 나는 문제를 꼭 만들어 내는 타입의 사람이다. 없는 문제도 뒤적여서 찾아내고 나를 지독하게 괴롭히곤 하지. 어쩌면 그게 내 소설의 토대일지도 모른다. 거슬러 올라가 과거의 일을 더듬고 괴로워하며 더 나은 선택을 상상하는 일들. 그런 일을 혼자 침대에 누워서 할 때는 괴로운데 소설을 쓰면서 할 때는 즐겁다. 누군가 나에게 그런 말을 한 적이 있다. 지독히 외로운 나의 인물 옆에는 꼭 도와주는 이가 있다고. 그건 내가 만들어낸 더 나은 선택의 일부일 것이다.

소스 리스트

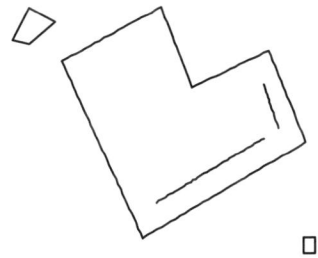

유선혜

솔직히 말해서 요즘은 나도 내가 뭐 하는 사람인지 잘 모르겠다. 앞으로도 이런저런 일들을 하겠지만 그냥 건강하고 재미있게 살고 싶다. 그게 제일 어렵다.

유선혜의 첫 시집
『사랑과 멸종을 바꿔 읽어보십시오』
2024년, 문학과지성사

시집이 세상에 나오고 나니 막상 그곳에 실린 시들이 낯설다. "내가 이런 생각을 했다고? 내가 이런 문장을 썼다고?" 싶은 순간이 많다. 시집이 출간되면 그걸로 전부 땡이라고 생각했는데 예상과는 달리 시집이 나를 멀리멀리 끌고 가는 것 같다. 어디로 가는지는 잘 모르겠지만, 시집에 질질 끌려가면서 종종 어리둥절하기도 하고 대체로 신기하다.

『사랑과 멸종을 바꿔 읽어보십시오』의 소스 리스트

1
백악기-팔레오기 멸종

약 6,600만 년 전 공룡이 모두 멸종한 사건이다. 가장 유명한 대멸종이지만 가장 큰 멸종 사건은 아니다. 지구상에 존재하던 생물의 99퍼센트는 이미 멸종한 것으로 추정된다고 한다. 멸종은 지구가 당면한 현실적인 문제이면서도, 한편으로는 아주 흔한 일이기도 하다. 지구를 지배하던 거대하고 육중한 공룡들이 결국 사라졌듯이, 인간을 기다리고 있는 것도 필연적인 소멸일지도 모른다. 이 허무한 미래를 받아들이면서, 우리는 어떻게 씩씩하고 윤리적으로 살아갈 수 있을까? 시집을 묶으면서 늘 생각했다.

2
쌍둥이 지구 사고 실험

철학자 힐러리 퍼트넘이 제안한 사고 실험이다. 우리의 지구와 모든 것이 똑같지만 딱 하나, 물의 원자 구조가 다른 지구를 상상하기. 이는 의미의 외재성을 이야기하기 위한 논증이지만, 내가 심오한 철학적 함의에 관심이 있었던 것은 아니다. 우리의 지구와 아주 아주 똑같지만 '사랑'과 '멸종'이라는 단어만 바뀐 쌍둥이 지구가 있다면? 그 쌍둥이 지구 위로 우울한 이름을 가진 운석이 떨어지고 있다면? 그 장면을 바라보는 연인들은? 아마 멸종 혹은 사랑을 해야겠지……. 이런 무모하고 맥락 없는 상상으로부터 표제작 「사랑과 멸종을 바꿔 읽어보십시오」가 시작되었다.

3
『비트겐슈타인 규칙과 사적 언어』
솔 A. 크립키

학부 졸업 논문의 주제가 된 책이다. 이 책에서 크립키는 시종일관 '의미란 존재하지 않는다'고 주장한다. '68+57=5'라고 한다. 처음에는 '어쩌라고?' 싶었지만 책을 읽을수록 나는 묘하게 그에게 설득되고 말았고 졸업 논문을 마무리할 때쯤에는 거의 그의 견해에 굴복했다. 비록 그를 논파할 수는 없었지만 어쩐지 반항심이 들었던 나는 의미가 존재한다는 걸 보여주고 말겠다는 이상한 생각에 사로잡혔다. 시집 곳곳에는 언어나 의미에 대한 문장들이 등장하는데, 아마 의미에 대한 과도하고 비현실적인 생각이 그런 시들을 쓰게 만든 것 같다.

4
〈미스터트롯〉
TV 조선

한동안 장안의 화제였던 트로트 경연 프로그램 〈미스터트롯〉. 부모님을 따라서 보다가 나도 진심으로 빠져 버렸다. "어차피 인생은 빈 술잔 들고 취하는 것……"(〈빈잔〉, 남진) 가슴을 후벼 파는 색소폰 소리와 직설적이고 박력 있는 가사. "무시로 무시로…… 그리울 때 그때 울어요……"(〈무시로〉, 나훈아) 그래, 뭔가를 쓸 거면 이렇게 화끈하게 써야지. 그리하여 트로트 3부작을 썼고, 개인적으로 아끼는 시들이 되었다. 트로트 경연 프로그램을 열심히 보면 할머니, 할아버지들과 누가 진정으로 대단한 트로트 가수인지 열띤 토론을 할 수 있어 좋다. 우리 할머니랑 나는 비록 다른 참가자를 응원했지만.

5
친구들과 본 바다

바다를 혼자서 본 적이 없다. 신기한 사실이다. 바다를 볼 때는 언제나 누군가가 곁에 있었다. 기억에 남는 하나의 장면은 J와 속초의 오션 뷰 숙소에서 본 바다. J는 입학을, 나는 졸업을 앞두고 있었다. 우리는 밖으로 나가지 않고 오로지 방 안에서 바다를 보며 하염없이 싸구려 진토닉을 만들어 마셨다. 평화로웠지만 이제는 정말 뭔가가 끝나고 또 시작될 것이라는 폭풍 전야의 감각 속에서. 다른 하나의 장면은 친구들과 간 굴업도의 바다. 굴업도는 배를 두 번 갈아 타고 들어가야 하는 트레킹의 성지다. 트레킹에 전혀 관심이 없었던 나는 거의 고문당하는 심정으로 3시간을 내리 걸었고, 발목이 끊어질 것 같았지만, 그 와중에 멀리서 드문드문 보이는 섬들과 하얀 궁뎅이를 가진 노루를 유심히 눈에 담았다. 두 바다는 각각 「하얀 방」과 「마주 보지 않고」에 기록되었다.

6
'인도 불교 철학'

철학과 전공선택 과목인 이 수업을 나는 3번에 걸쳐 재수강했다. 이 수업을 들으면서 "모든 것은 고통"이라는 초기 불교의 캐치프레이즈에 깊이 공감하면서도 내가 욕망과 집착을 버리라는 붓다의 행동 지침을 따를 수 없는 사람이라는 것을 잘 알게 되었다. 마지막으로 이 수업을 수강하던 학기에 야식을 먹는 붓다를 생각하며 쓴 시 「내 여자친구를 소개합니다」는 예상치 못하게 등단작이 되었다. 나에게 시 쓰기는 자아와 의미에 집착하는 일 그 자체이므로 평생 해탈은 할 수 없겠지만, 평생 글을 쓸 수는 있을지도.

7
'인간과 우주'

졸업 요건을 채우기 위해 수강했던 이과 교양 수업이다. 괴팍한 과학자 같았던 교수님은 블랙홀 전공자였고, 한 학기 내내 문과생을 위한 교양이라고는 생각할 수 없을 정도로 천문학과 물리학에 대한 많은 이론과 지식을 배웠다. 그러나 지금 기억에 남는 건 인간과 가장 가까운 별은 태양이라는 사실 정도다. 우주가 진짜 진짜! 크고 진짜 진짜!! 오래되었으며 지구는 진짜 진짜!!! 아무것도 아니라는 사실은 가끔 공포스럽고 자주 위로가 되었다. 시집에 등장하는 다소 뜬금없고 과학적인 단어들은 이때 알게 된 것이 많다.

「What Is It Like to Be a Bat?」

토마스 네이글
Thomas Nagel

철학자 토마스 네이글의 짧은 논문으로, 의식의 주관성을 강조하며 심신에 대한 환원주의Reductionism를 비판하는 내용이다. "박쥐가 된다는 것은 어떤 것인가?"라는 물음에 어떤 대답을 내놓을 수 있을까? 인간이 박쥐에 대한 모든 사실을 안다고 해도, 박쥐의 관점으로 세상을 바라볼 수는 없다. 내가 복잡한 심신 문제를 해결하는 데에 관심이 있었던 건은 아니지만, 이 질문은 왠지 무척이나 섬뜩하게 다가왔다. 내 앞에 있는 당신이 박쥐와 얼마나 다를까? 타인의 내면에 접근하는 일이 가능하기나 한 것일까? 그래도 눈앞에 있는 사람의 마음을 믿어보고 싶었고, 내면과 마음에 관한 시를 많이 썼다. 증명할 수는 없지만 느껴지는 것들에 대하여.

9
죽은 언어

대학에 입학하자마자 아무 생각 없이 '라틴어' 수업을 들었다. 라틴어는 사어니까 말하기 보충 수업이 없다는 이유에서였다. 다음 학기인가에는 순전한 호기심으로 '서아시아 언어의 세계'라는 수업을 들었다. 고대 이집트에 대해 배우는 재미있는 교양인 줄 알았건만, 전혀 아니었다. 교수님은 매우 본격적으로 수메르어와 아카드어, 이집트 상형문자를 가르치셨고, 정신을 차려보니 나는 쐐기문자로 된 함무라비 법전을 읽고 있었다. 외국어 공부에 소질이 없는 나는 결국 기말고사 기간이 될 때쯤 두 수업을 모두 포기했다. 그러나 한 명도 사용하지 않는, 말 그대로 죽은 언어를 읽고 썼던 시간은 오래도록 기억에 남았다. 아무도 발음을 모르는 단어를 외우는 그 기묘한 느낌. 어쩌면 시도 그런 게 아닐까? 어떤 경우에는 추측을 통해서만 감각되는 종류의, 언어가 되기 이전의 소리나…… 알파벳들…….

10
가족

가족은 거추장스럽지만 사랑스럽다. 집을 등에 메고 다니는 달팽이의 마음도 비슷할까? 우리 엄마는 물어뜯은 손톱을 예쁘게 칠해 주었고 아빠는 언제나 함께 치과에 가 줬다. 쌍둥이 동생은 나와 자주 라면을 먹었다. 가족들은 문학에 관심이 전혀 없지만, 자신이 등장하는 시를 읽고 진심으로 기뻐해 주었다. 아빠는 내 시를 읽고 언제나 "비록 이해는 안 되지만 느낌 있다"라고 말한다. 아빠의 "느낌"이 뭔지는 잘 모르겠지만, 어쨌거나 나에게는 극찬으로 들린다.

11
과거의 일기

왜 즐거운 날들은 휘발되고, 우울한 날에만 일기를 쓰게 될까? 매일 일기를 쓰던 때가 있었다. 3년 동안 하루도 빠짐없이 일기를 쓴 두꺼운 양장 노트가 4권 있었는데, 얼마 전에 다 버렸다. 어디를 펼쳐 봐도 기억하고 싶지 않은 날들뿐이어서. 그렇지만 과거의 일기를 읽다 보면 칙칙한 일상 속에 반짝거리는 문장이 하나씩 끼어 있는 경우가 있다. 그런 문장과 단어들을 주워 모아서 시집의 뒤표지 글에 넣었다. 그러니까 그건 글이라기보다는 조각보를 깁고 꿰맨 너덜너덜한 마음에 가깝다.

12
방

특정한 장소를 상상하지 않으면 시를 쓰기가 힘들다. 여러 번 이 습관을 고쳐 보려고 했지만 결국 어떤 장소로 돌아오고 만다. 그곳은 주로 방이다. 이런 방, 저런 방, 잠깐 살던 자취방, 옛 친구의 원룸, 며칠 혹은 몇 시간 머무른 방, 소유된 방, 빌린 방, 텅 빈 방, 시끄러운 방, 네모난 방, 하얀 방……. 방은 무궁무진하지만 단 하나인 것도 같다. 시집에 등장하는 수많은 방은 내면적이고 상징적인 공간이라기보다는 내 기억 속에 실재하는 생생하고 흐릿한 장소로서의 구체적인 방이다. 아마도 나는 평생 방에서 쓰고 방에서 자고 방에서 죽을 것이다. 방에 대해 쓰면서. 제발 그랬으면 좋겠다.

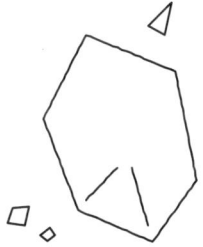

이서아

바다에 많이 간다. 모래 위에 한참을 가만히 앉아 파도를 바라보곤 한다. 바다에서 하는 운동도 좋아하는데, 운동 신경이 타고난 편은 아니어서 스쿠버다이빙과 서핑을 짝사랑하며 살고 있다. 아무런 장비 없이 맨몸으로 바다를 향해 달려가는 날도 있다. 단지 풍덩 빠지기 위해.

이서아의 첫 소설집
『어린 심장 훈련』
2024년, 문학과지성사

어린 심장을 가진 '나'의 생은 훈련이었다.
그래서 "어린 심장 훈련"이라 제목을 붙였다.

『어린 심장 훈련』의 소스 리스트

1

쉼

읽고 쓰는 일과 몰입하는 일만큼 글의 원천이 되는 것은 쉬는 일이다. 쉼은 고요한 시간, 차분한 마음, 건강한 정신, 삶의 여백들을 추구하기 위한 것이다. 생각을 비워야, 내 몸과 마음에 최소한의 빈자리가 생겨야 돌풍처럼 몰아치는 슬픔과 분노와 영감과 이야기를 감당할 수 있다. 따라서 몸과 마음을 달래는 시간이 나에게는 소중한 원천이다.

2
떠나기

쉬기 위해 훌쩍 떠나곤 한다. 반드시 거창할 필요는 없다. 산책처럼 떠나는 것이 좋다. 일단 떠나고 나면 유독 눈길이 가는 풍경을 종종 만나게 되는데, 그건 시간이 지나고 돌아보면 내 마음속 깊은 슬픔과 (어떤 형태로든) 이어져 있곤 한다. 탄탄한 결속 같은 이어짐도 있지만 엉성하고 느슨한 이어짐도 많다. 그것이 어떤 슬픔을 상징하는지 당장 알아내려고 하거나 부러 해명하기보다 일단은 내버려 둔다. 어느 날 자연히 어떤 문장으로 태어나겠지,라고 믿으며.

3
바다행 풍경

바다는 고향 같다. 바다 근처에서 태어난 것도 아닌데 말이다. 마음의 고향으로 가는 여정은 소중하다. 바다로 가는 길이면 열차 안에서 버스 안에서 혹은 거리를 걸으며 스쳐 가는 풍경을 바라보곤 한다. 풍경을 보는 일과 장면을 쓰는 일은 내 머릿속에서 비슷한 작동 원리를 갖고 있다. 전자나 후자나 그 상황으로부터 몰입되면서도 동시에 멀어지기 때문이다. 멀어질 때는 내 생이 꼭 타인의 생 같다.

4
수영

수영은 얼기설기 뭉쳐 있는 슬픔을 휘휘 풀어놓는 일이자 슬픔과 함께 헤엄치는 일이다. 어린 시절에는 슬픔이 나를 짐승처럼 이끌었다. (그것이 승마는 아니었다. 우리는 우리의 슬픔에 고삐를 맬 수 없으니까.) 그러다 나는 기진맥진해졌고, 슬픔과 함께 사는 법을 터득해야만 했다. 그래서일까? 소설집의 첫 소설 속 '나'는 죽기 살기로 달렸지만, 마지막 소설 속 '나'는 첨벙첨벙한다. 이것이 자랑스러운 성장이라고 주장하는 것은 아니다. 딱히 그렇게 생각하지도 않는다. 그냥 어쩌다 보니 이렇게 살아왔다는 것뿐.

5
(함께) 웃음

만약 친구와 함께 바다로 갔다면, 반드시 한 번쯤은 까르르 웃어 주어야 한다. (이건 우리 생의 룰이다.) 웃음은 몸과 마음과 글에 무조건 도움이 된다. 나의 첫 소설집에서도 사실 인물들이 웃는 장면이 조금 정해져 있다. 평소에는 다소 슬프고 엄숙한 아이들이지만 함께 놀 때, 장난칠 때, 혹은 슬픈 친구를 웃게 만들고 싶어서 광대처럼 굴 때 까르르까르르 잘 웃는다. 내 소설 속 인물들의 이런 면은 내 생에서 따왔다.

6
해변과 사막의 모래

나는 해변뿐만 아니라 사막도 사랑한다. 해변과 사막을 방문했던 날들에 영감을 받아 소설을 쓰기도 했다. 두 공간의 공통점 중 하나는 모래가 있다는 것이다. 드넓은 모래 세상에 방문할 때, 모래 위에 돗자리를 깔고 누울 때, 뜨거운 햇빛을 온몸으로 받아들이면서 지표면의 모래를 느낄 때, 나는 내심 마음에 걸리던 많은 사사로운 낙담들로부터 자유로워진다. 생에는 몰입해야 하는 일과 흘려보내야 하는 일이 있는데 후자는 전자를 방해하기 일쑤다. 무신경하게 곁을 내어주는 모래 덕분에 나는 현명하게 흘려보낼 수 있다.

7
서핑 (시도)

낙담들로부터 자유로워지고 나면 비관과 절망으로 위축되는 대신 기세등등하게 일어설 수도 있다. 어정쩡한 몸짓으로 생의 파도를 즐길 수도 있다. 허무에 빠지기 위해 흘려보내는 것이 아니라, 직면하기 위해 흘려보내는 것이다. 사실 나는 서핑 왕초보고, 서핑이 첫 소설집에 전면으로 나오지도 않지만, 그동안 서핑은 비밀스럽게 나를 지탱해 주는 운동이었다. 서핑이 나를 조금씩 천천히 어떤 이야기로 데려갈 때도 있었다.

수심 38m

나의 스쿠버다이빙 컴퓨터에 기록된 가장 깊은 수심은 38m다. 스쿠버다이빙을 하는 동안, 나는 바다에 가는 일과 글을 쓰는 일이 닮아 있다는 것을 배웠다. 동작이 편안해져야만 깊은 곳으로 갈 수 있기 때문이다. 그러지 못하면 얕은 곳에서 머무르는 게 좋다. 같은 맥락에서, 몸과 마음이 아주 조금이라도 편안해야만 이야기의 끝까지 갈 수 있다. 사적이거나 공적인 고통을 외면하기 위해서가 아니라 더 깊이 오래오래 마주보기 위해서 나는 쉬고, 놀고, 바다에서 비행한다.

9

풀빛 땅

바다만이 나의 여행지는 아니다. 푸른 세계만큼 나를 품어주고 달래주는 곳은 초록의 세계다. 말하자면 숲속, 산길, 풀밭과 같은 곳. 고요하고 싱그러운 풀빛 땅에 도착해 구불구불 나 있는 길을 따라 걷거나, 곧게 이어지는 계단을 오르내리며 생각에 잠기는 일은 심신을 어르고 달래 준다. 그러면 꽉 막혀 있던 숨이 탁 트인다. 그렇게 잔잔히 속을 풀다가 다시 어떤 날은 달리기의 갈증을 느낀다. 산속 학교를 탈출하며 달려 나가던 '나'처럼, 나는 여전히 풀빛 땅에서의 달리기가 고프다.

10
출근

여행과 쉼을 제외한 모든 순간에 소설을 쓸 수 있는 것은 아니다. 출근을 해야 하니까. 출근이 고통만을 준다고 생각하지는 않는다. 너무 많은 생각들로 인한 우울을 잘라 주기도 하고, 무엇보다 이상과 현실의 괴리를 좁혀 줌으로써 생을 살아내기 위한 실질적인 대책을 궁리하게 만들어 주기 때문이다. 어쨌든 출근은 굉장한 스트레스의 원인이 된다. 소설집 속 인물들이 분홍 유니폼 차림으로 햇빛 아래에서 쓰러지거나, 자신의 이상을 보란 듯이 무너뜨리는 냉정한 현실 앞에서 눈물을 흘리는 이유는 여기에 있다.

11
설거지

마지막 소설에 등장하는 설거지 훈련은 바닥을 깨끗이 쓸고 닦는 것과 밥을 먹고 그릇을 씻는 일이 모두 생의 치열한 몸부림이 아닌가 하는 생각에서 비롯되었다. 말하자면, 우리는 각자의 생에서 성실한 일상-훈련을 하고 있는 투사인 것이다. 몰입과 공존을 위한 만반의 준비랄까. 광장 혹은 문학이라는 장에서 한데 모여 서로를 위해 목소리를 낼 수 있는 것도 이런 훈련의 결과일지도 모른다.

12
꽃 선물

나는 아끼는 사람에게 종종 꽃 선물을 한다. 타인을 사랑할 때, 함께 목소리를 높이는 일만큼 애틋한 일이 있다. 그건 꽃을 주는 것이다. 어린아이가 꽃다발을 선물하는 이야기인 두 번째 작품은 한참 동안 발표하지 못하고 묵혀 두다가 첫 소설집에 실어버린 글로, 원래 제목은 「붉은 춤」이었다. 초고는 좀 더 밝고 발랄한 이야기였다. 특히 결말이 그랬는데, 퇴고 후에 크게 바뀌었다. 마음속 깊은 곳의 슬픔을 고백할 용기 따위가 자라기라도 했던 걸까? 아무튼 간에, 바뀐 결말에도 밝음은 있다. 아이가 꽃다발을 가능한 만큼 꼭 쥐고 있으니까. 신나게 웃기도 하니까.

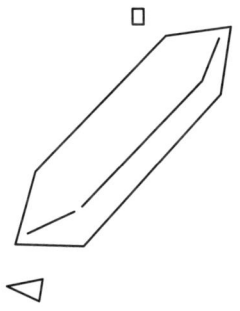

전하영

고양이 털 알레르기가 있는 14년 차 집사

전하영의 첫 소설집
『시차와 시대착오』
2024년, 문학동네

나는 '여성 예술가 소설'을 쓰는 작가일까?
반은 맞고 반은 틀리다. 소설집에 실린 여덟 편의 단편
가운데 남성이 주인공인 경우는 세 편이고 성중립적인
인물이 화자인 작품이 한 편 있다. 절반의 주인공은 '여성'
이 아니다. '예술가'에 대해서라면 어떨까. 예술가는
공교롭게도 모든 소설에 등장하는데 분야는 영화감독,
시나리오 작가, 미술 작가(회화, 미디어, 퍼포먼스),
사진작가, 소설가, 시인, 서평가 등으로 다양하다.
내 기준으로는 다 제각기 서로 너무 다른 분야이다.
중심인물에 대해 좀 더 말해보자면 그중 전업 작가는
세 명이고, 직장을 다니며 작업하는 사람은 네 명이다.
나머지 한 명은 프리랜서 겸업이다.

『시차와 시대착오』의 소스 리스트

전하영

1
〈선셋대로〉
빌리 와일더
Billy Wilder

「검은 일기」는 한 남자가 수상한 집에 세를 든 후 벌어지는 일을 다룬다. '사연 있는 저택에 우연히 발을 들인 한 남자가 겪는 이상한 이야기'라는 장르가 있다고 생각한다. 그걸 가리키는 명칭은 딱히 없지만, 우리 모두 비슷한 류의 스토리를 적어도 하나쯤은 알고 있을 것이다. 내게 '저택-남자' 장르의 기원이 되는 작품은 〈선셋대로〉이다.

2
『그래서 우리는 계속 읽는다』
모린 코리건
Maureen Corrigan

「검은 일기」의 '나'는 알코올의존증 환자이다. 내가 그 소설을 쓸 때 『위대한 개츠비』와 F. 스콧 피츠제럴드에 관한 훌륭한 연구서인 이 책을 읽고 있었기 때문에 그렇게 되었다. 동시에 『존 치버의 일기』도 뒤적댔었는데, '나'가 물을 끓이며 떠올리는 오이샌드위치와 샴페인의 조합은 아마도 그 책에서 가져왔을 것이다. 피츠제럴드와 치버, 〈선셋대로〉의 시나리오 작가 '조 길리스'가 한데 뒤섞여 「검은 일기」의 '나'라는 인물로 빚어진 듯하다.

3
⟨혐오⟩
로만 폴란스키
Roman Polanski

「검은 일기」의 '나'는 이름 없는 소설가로, 자신이 거주하는 저택 안으로 편집자 C를 초청한다. 그는 길고 좁은 복도의 어두운 벽을 짚어 나가는 낯선 방문자의 하얀 손을 쳐다보며 한 편의 흑백 영화를 떠올린다. 카트린 드뇌브 주연의 R로 시작하는 한 단어로 된 제목의 영화. 그것은 Repulsion.

4
⟨블루⟩
아피찻퐁 위라세타쿤
อภิชาติพงศ์ วีระเศรษฐกุล

「남쪽에서」에는 가상의 영화를 묘사하는 부분이 있는데, 그것을 쓸 무렵 전주국제영화제에서 아피찻퐁 위라세타쿤의 신작 단편 ⟨블루⟩를 상영한다는 사실을 알게 되었다. 해당 회차는 금세 매진되어서 당시에는 영화를 보지 못했고, 시놉시스만을 읽고 떠올린 막연한 이미지를 마야 데렌의 ⟨오후의 올가미⟩와 적당히 섞어 소설 속 가상의 영화를 만들어 보았다.

5

〈국외자들〉
장뤽 고다르
Jean-Luc Godard

루브르 박물관을 최단 시간에 통과하기 위해 전시실을 빠르게 가로지르며 소란스럽게 뛰어가는 〈국외자들〉의 아이코닉한 장면은 내게 하나의 원형과도 같은 이미지로 각인되어 있다. 「영향」을 읽은 독자 중에서도 난희와 제이미가 시카고 아트 인스티튜트의 텅 빈 회랑을 뛰어가다가 경비원에게 제지당한다는 회상 장면에서 저도 모르게 이 영화를 떠올린 사람이 있을지도 모른다. 누군가는 그랬기를 바란다.

6

〈아이다호〉
구스 반 산트
Gus Van Sant

〈아이다호〉를 처음 봤을 때 나는 열다섯 살이었다. 스물한 살의 리버 피닉스는 몸을 팔며 거리를 떠도는 청년 '마이크'로 등장한다. 마이크는 '일'을 하기 위해 중년의 남성 고객이 사는 아파트를 방문하고 한껏 들뜬 고객님의 횡설수설에 장단을 맞춰준다. 신이 난 남자는 행운을 타고난 자신의 운명을 설파하기 시작한다. 그 장면의 마지막 부분에 이르면 남자가 스스로를 '대디daddy'라고 칭하는 대사가 나오는데, 그 사소한 단어가 기억에 오래 남았다. 이후에도 성적인 뉘앙스가 다분한 외국영화 곳곳에서 자기를 '대디'라고 불러주길 원하는 남자들을 종종 마주쳤다. 도대체 왜 그러는 걸까. 그 단어에는 어떤 마법적인 힘이 들어가 있는 것일까? 난 잘 모르겠다. 아마 「숙희가 만든 실험영화」의 숙희도 그걸 잘 모를 것이다. (알고 싶지 않거나.)

7
〈젠틀맨 잭〉
BBC One, HBO

경제적으로 궁핍한 여성이 맞닥뜨릴 위기는 어렵지 않게 상상할 수 있다. 그런데 재산을 가진 여성의 경우라면 어떠할까. 〈젠틀맨 잭〉의 주인공 앤 리스터는 19세기 초를 살았던 레즈비언 여성으로 집안의 재산을 물려받기 위해 모험적인 삶을 중단하고 고향으로 돌아간다. 곧 자신의 영지를 운영할 자금이 부족하다는 사실을 깨닫자 그녀는 인근에 사는 부유한 상속녀 미스 워커의 재산에 눈독 들이고 그녀를 유혹하고자 한다. 앤 리스터가 실존 인물이라는 사실은 이 드라마에 더욱 빠져들게 하는 요소다. 〈젠틀맨 잭〉은 「시차와 시대착오」의 주인공이 가난하지 않은, 중산층 이상의 가정에서 태어난 (아들 없는 집안의) 여성이라는 방향성을 가져오는 데에 영향을 미쳤다.

8
〈독일과 정체성〉
히토 슈타이얼
Hito Steyerl

소설의 진도가 잘 나가지 않을 때면 괜히 꿈에 관해 쓰곤 한다. 내 소설에서 꿈 장면이 나온다면 그걸 쓸 무렵 뭔가가 마음대로 잘 진행이 안 되었을 확률이 높다. 「시차와 시대착오」에 나오는 꿈 장면은 히토 슈타이얼의 〈독일과 정체성〉을 본 다음, 영화에 등장하는 모티프를 따와 응용해 보았다. 이를테면 자연사 박물관, 밀랍 인형, 데스마스크, 묘지, 흰 성상, 먼 곳에서 온 한 여자. 그렇게 낯선 이미지를 빌려 손을 풀다 보면 어느새 다음 장면으로 넘어갈 수 있었다.

9
정독도서관

「시차와 시대착오」에서 미루와 준회가 재회하는 갤러리 마당에 심어진 가이즈카향나무는 정독도서관에 있는 조경용 나무를 보고 와서 썼다. 나무에 달린 명패에는 '가이쓰까 향나무'라고 수목명이 적혀 있는데 교정교열을 보면서 편집자님이 '가이즈카향나무'라고 어법에 맞게 고쳐 주셨다. 정독도서관은 은근히 내 소설에 자주 등장하는 편이다. 「그녀는 조명등 아래서 많은 시간을 보냈다」의 마지막 장면에 나오는 분수대 역시 정독도서관을 산책한 날 우연히 소설에 들어가게 되었다.

10
국립현대미술관

최근 육 년간 내가 가장 많은 시간을 보낸 장소이다. 「경로 이탈」은 이곳에서 일한 지 얼마 되지 않았을 때, 관람객에게 개방되지 않는 공간들을 오가며 상상한 것을 최대한 내가 쓴 것 같지 않은 방식으로 적어 내려간 소설이다. 책을 출간했을 때도 그렇고, 지금도 마찬가지로 이 소설을 읽을 때마다 내가 이걸 썼나? 싶은 생각이 든다. 국립현대미술관에서 열린 수많은 전시와 프로그램들은 다양한 방식으로 내 소설에 녹아들어 있다. 그것만 따로 묶어 리스트를 만들 수 있을 정도로.

11

짐 자무시의
인스타그램 피드,
2021년 4월 25일

「경로 이탈」을 SF소설로 여기는 사람도 있었다. 아마 최사해의 이마가 열려 젖혀지고 조각상 같은 여자가 그 내부를 조작하는 듯한 장면이 나와서 그럴 것이다. 최사해는 로봇인가? 그건 나도 잘 모르겠다. 카세트테이프의 이미지는 정말 우연히 소설로 흘러들어 왔는데, 퇴고할 시점에 짐 자무시가 인스타그램에 어떤 사진 하나를 올렸고 나는 불현듯 그 이미지를 소설 속에 집어넣고 싶다는 생각을 했다. 사진에서는 한 남자가 카세트테이프 플레이어처럼 문이 활짝 열린 자신의 머리에 테이프 하나를 집어넣으려 한다. 내 기억이 맞다면 그것은 브라이언 이노와 관계가 있었던 것 같다.

12
남산 힐튼 호텔

어떤 사건이나 단서를 소설로 발전시킬 수 있으리라는 예감이 종종 불시에 찾아든다. 남산 힐튼 호텔이 문을 닫는다는 소식을 들었을 때 그 예감이 강하게 들었다. 소설집을 내고 나서 몇 차례 북토크를 했는데 「JHY를 위한 짧은 기록」에 대해 얘기할 기회가 있었던 건 단 한 번뿐이었다. 아마 다시 기회가 올 것 같지 않다. 330페이지에 등장하는 사진 속 호텔 창가에는 내가 서 있다. 그 사실을 알아차린 사람은 거의 없다. (사진을 찍은 내 동생 정도.) 이 소설을 작업하는 동안 의도적으로 주의를 기울여 소설가인 'JHY'도 '나'도 성별을 특정할 수 없도록 모호하게 썼다. 그 점을 염두하고 읽는다면 이 소설이 좀 다르게 느껴질 것이다.

소스 리스트

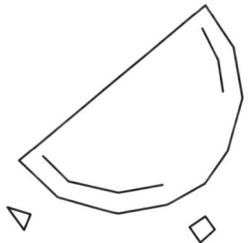

차유오

나는 명확한 것이 좋지만 시 속에서는 모호한 것이 좋다. 분명하지 않은 이야기들이 누군가를 만나 선명해지는 순간들을 좋아한다. 시 속에서 나의 모습을 발견하는 사람들도 있고 숨겨둔 마음을 모르고 지나치는 사람들도 있다. 그런 순간들이 싫지 않아 계속해서 시를 쓰고 있는 것 같다.

차유오의 첫 시집
『순수한 기쁨』
2024년, 아침달

순수하게 기쁜 날들과 알 수 없이 슬픈 날들.
기쁨은 명확하게 짧고 슬픔은 모호하게 길다.
「순수한 기쁨」 속 비누가 물속으로 뛰어들어 스스로
사라지기를 택한 것처럼 기쁨은 누군가가
나에게 주는 것이 아니라 내가 나에게 주는 것 같다.

『순수한 기쁨』의 소스 리스트

차유오

1
인형

어릴 때 나는 애착 인형을 가지고 다녔다. 인형이 더러워져도 그 인형이 없으면 잠을 자지 못해서 늘 더러워진 인형과 함께 다녔다. 비슷한 인형을 사 줘도 그 인형만을 좋아했다고 한다. 인형은 묵묵히 나의 곁을 지켜 줬다. 그런 이유로 인형을 좋아하지 않았을까. 「아침」에서 자신을 버린 이유와 자신을 만든 이유에 대해 생각하며 자꾸만 외로워지는 인형들에게 사람도 인형이 없으면 외로울 것이라고 말해주고 싶다.

2

꿈

「어떤 사랑」에는 '꿈속에서는 모르는 사람과도 사랑했는데 깨어나면 아는 사람만을 미워한다'는 문장이 있다. 꿈은 내가 꾸는 것인데 내 마음대로 꿀 수는 없다. 꿈속에서는 내가 절대 하지 않을 일들을 할 때도 있고 모르는 사람과 친하게 지낼 때도 있다. 어쩌면 현실에서의 나는 그런 일들을 하고 싶었을지도 모른다. 꿈은 나를 먼 곳으로 데려가지만 꿈에서 깨어나면 나는 모든 것을 잊어버린다. 어쩌면 잃어버리는 것처럼. 예전에는 꿈속의 장면으로 시를 쓸 때도 있었는데 그것은 내 것이 아닌 것 같다.

3
마음

『순수한 기쁨』에는 여러 마음이 등장한다. 누군가가 나에게 건네준 마음이나 내 안에서 부대끼는 마음들. 가끔은 몸보다 마음이 크게 느껴질 때가 있다. 마음의 뜻 중에 가장 좋아하는 뜻은 '사람의 생각, 감정, 기억 따위가 생기거나 자리 잡는 공간이나 위치'라는 뜻이다. 마음은 나를 스쳐 가는 것이라고 생각할 때가 있었는데 그것이 스쳐 지나가고 사라지는 것이 아니라 무언가 생기거나 자리 잡는 공간이라고 생각하면 그것은 영원히 내 안에 자리 잡고 있는 것 같다.

4
〈레이디 버드〉
그레타 거윅
Greta Gerwig

「갇힌 사람들」은 영화 〈레이디 버드〉를 보고 쓴 시이다. 주인공 레이디 버드는 자신의 이름과 자신이 사는 동네처럼 자신을 이루는 것들을 좋아하지 않는다. 그렇기에 스스로 자신의 이름을 짓기도 하고 마음에 들지 않는다는 이유로 차에서 뛰어내리기도 한다. 나는 레이디 버드의 그런 모습을 좋아하고 그렇게 살아가고 싶다고 생각한다. 가끔은 나를 이루는 것들이 싫을 때가 있지만 그것들은 동시에 나의 가족들이 좋아하는 것이기도 하다. 그렇게 생각하고 나면 내가 싫어하는 것들도 어쩐지 마음에 드는 것 같다고 생각하게 된다.

5
〈Everything Happens To Me〉
쳇 베이커
Chet Baker

영화 〈레이니 데이 인 뉴욕〉에서 티모시 샬라메가 피아노를 치며 〈Everything Happens To Me〉를 부르는 장면을 좋아한다. 영화 속에는 계획대로 되지 않는 일들이 등장하는데 이 장면은 그런 일들도 썩 나쁘지 않다고 말해주는 것 같다. 글을 쓸 때는 노래를 잘 듣지 않지만 시집을 준비할 때는 이 노래를 자주 들었다. 모든 불운한 일이 나에게만 벌어지는 것 같다는 노래지만 이상하게도 이 노래를 들으면 마음이 편안해진다.

『시간의 빛깔을 한 몽상』
마르셀 프루스트
Marcel Proust

「언덕의 모양」에는 '모든 기대가 허무하듯 아름다운 풍경을 보고 있으면 모든 게 금방이라도 사라질 것 같았지'라는 문장이 있다. 그 문장처럼 기대하는 일이 허무하게 느껴질 때가 있었다. 예전에 나는 자주 기대하고 자주 실망했다. 기대하지 않으면 실망할 일도 없을 것이라는 생각으로 기대하지 않으려고 했다. 그러나 그럴수록 자꾸 기대하게 되었고 기대하는 나를 미워하게 되었다. 마르셀 프루스트는 「사랑과 기대에 관한 고찰」에서 소망하는 것은 믿음의 행위로, 희망 없이 기대하는 일은 현명한 것처럼 보여도 불가능한 것이라고 이야기한다. 그 시를 읽을 때마다 지난 시간을 위로받는 것 같다.

『파리의 한 장소를 소진시키려는 시도』

조르주 페렉
Georges Perec

「사람은 모르고 새들만 아는 것들」의 원래 제목은 「순간들」이었다. 한 장소를 소진시키려는 조르주 페렉처럼 한 장소에서 일어나는 여러 순간들이 사라지는 일들에 대해 말하고 싶었다. 순간들은 영원할 수 없지만 어딘가에 기록하게 되면 그 안에서 영원할 수 있지 않을까. 「사람은 모르고 새들만 아는 것들」이라는 제목처럼 가끔은 사람은 모르고 동물만 아는 것들이 있는 것 같다. 그런 순간들을 바라보고 기록하고 싶다.

『마르크스의 유령들』
자크 데리다
Jacques Derrida

데리다에 따르면 현존은 과거에 의해 부정되고 미래에 의해서만 유추될 수 있는 불확실성으로 남는다. 현존하는 것은 존재라고 말할 수 없으나 존재가 아니라고 단정할 수도 없는 모호한 것이기에 데리다는 유령으로 그것을 표현한다. 유령은 '죽은 사람의 혼령'이라는 뜻도 있지만 '이름뿐이고 실제는 없는 것'이라는 뜻도 있다. 어떤 사람들은 유령을 무서워하지만 이름뿐이고 실제는 없는 것이라면 유령은 슬픈 존재에 가까운 것이 아닐까. 시집을 준비하며 나는 남겨진 사람의 마음으로 시를 썼다. 사람들은 자꾸만 떠나가는데 나는 이곳에 남겨져 있고 그들이 어디로 갔을까 생각하면 그들은 유령이 되어 이곳을 떠돌거나 아무도 모르는 곳에서 살아가고 있을 것 같다.

9
〈하우스 플리퍼〉
Empyrean

〈하우스 플리퍼〉는 방치된 건물을 구입하고 리모델링해서 이윤을 붙여 파는 게임이다. 현실에서의 나는 내 방을 치우는 것도 귀찮아하는데 게임에서는 더러운 집을 부지런하게 치운다는 것이 이상하기도 하다. 「슬리피 블루」는 〈하우스 플리퍼〉를 하며 쓰게 되었다. '슬리피 블루'는 시집 제목 후보 중 하나이기도 했다. 시 속에서는 슬리피 블루라는 색을 졸린 우울함이라고 표현했는데 순수한 기쁨은 드물고 졸린 우울함은 늘 우리를 찾아오기 때문에 『순수한 기쁨』이 더 좋은 것 같다.

10
⟨리그 오브 레전드⟩
Riot Games

게임을 하는 순간에는 현실의 일들을 잠시나마 잊을 수 있다. 그래서 게임을 좋아한다. 몇 년 전부터 다시 ⟨리그 오브 레전드⟩를 하게 되었다. 어릴 때 했던 캐릭터를 여전히 좋아하고 그때의 닉네임을 지금도 사용한다. 「레코딩」에는 '살아 있어서 진 것 같아'라는 문장이 있다. 같이 있던 사람들이 하나둘 죽고 혼자 남겨져 있을 때는 살아 있어서 진 것 같은 마음이 든다. 그 마음은 일상에서도 유효하지 않을까. 이길 것 같다가도 지고 질 것 같다가도 이기는 게임은 알 수 없는 미래를 가진 현실과도 닮아 있는 것 같다.

11

식물

우리 집에는 늘 식물이 있다. 엄마는 식물을 잘 기르지만 난 잘 기르지 못한다. 식물을 집에 들인 지 얼마 안 됐을 때는 물도 잘 주고 매일 살폈지만 어느 순간 식물이 시들어 있었다. 식물이 아니라 나의 마음이 시든 것일지도 모른다. 어릴 때 기억 중 인상적인 것은 누군가 반으로 찢은 식물이 죽지 않고 더 잘 자라난 것이었다. 「기억력」은 그 기억을 떠올리며 썼다. 지금 그 식물은 죽었겠지만 나의 기억 속에서는 여전히 무럭무럭 자라나고 있다.

12
단어

시를 쓸 때 국어사전을 자주 사용한다. 그럴 때면 자주 쓰는 단어의 뜻을 잘못 알고 있다는 걸 발견하기도 하고 모르는 단어를 배우기도 한다. 단어의 뜻을 살펴보다가 무언가 떠오르기도 한다. 내게 있었던 일, 혹은 이 단어를 알려 준 사람. 단어는 하나의 세계이거나 세계를 살아가는 한 사람 같기도 하다. 비슷해 보이는 단어들도 각자의 뜻이 있는 것처럼. 그리고 사람들이 모이면 세계가 되는 것처럼. 각기 다른 단어들이 모여 한 편의 시가 되는 것이 좋다.

소스 테스트

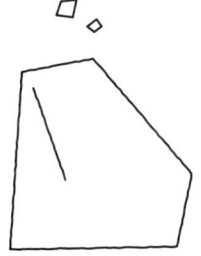

차호지

건강하게 있고 싶다. 등이 말리지 않도록 등을 펴고. 승모의 긴장을 풀고. 가능하면 발바닥의 아치 모양을 유지하면서. 길을 걸을 때는 핸드폰을 보지 않고. 무단횡단을 하지 않고. 잠을 잘 때는 자는 척 연기를 하고. 그러다 정말 잠에 들고. 돌이켜 생각해 보면 그럴 만도 했지. 원효대사 해골 물. 결국 자신을 잘 속이는 일. 그렇게 믿는 일.

차호지의 첫 시집
『시작법』
2024년, 문학과지성사

안에서 밖으로 나가려 하는데 벽에 막혀서 문이 없는 줄 알았지만 잘 보니 있었고 열어보니까 열리더라는 이야기. 나가면 도망일까, 탈출일까. 시집을 펼쳐 본 게 옛날 일 같다. 그날의 집중력이 다 떨어지고 나면 청소를 하고 싶어진다. 먼지가 쌓이고 물때는 깊어지고…….
제가 시를 또 쓸 수 있을까요?

『시작법』의 소스 리스트

1
건강염려증

이십 대에는 거의 아무것도 하지 않았는데, 할 수 없었는지 하지 않았는지 지금도 잘 모르겠다. 사실보다 부풀려 느끼는 증상에 질병의 이름을 붙이면, 아무것도 하지 않는 데에 좋은 핑계가 된다. 가슴에 손을 얹고 생각해 보았을 때, 내가 정말 그런 건지, 아니면 어떤 진단을 받아내기 위한 계산된 행동인지, 스스로를 검열하는 과정이 필요했다. 책임을 전가당한 내가, 책임을 전가한 나에게, 나의 논리를 나 스스로에게 증명하기를 요구했다. 머릿속으로는 잘 정리되지 않아서 글을 써보려고 했다. 어떻게 쓰는 건지 몰라서 수업을 들으러 갔다. 쓰니까 뭔가 하는 기분이 들어서 계속 썼다.

2
무인양품 노트

평평하게 펴지는 노트를 사서 거기에 주로 썼다. 쓰고 싶었던 말은 얼마 지나지 않아 다 떨어졌다. 이제 할 말이 없군. 생각하면서 아무거나 썼다. 그렇지만 정말 아무거나 쓸 수는 없었고 그날 꾼 꿈과 본 것과 생각한 것과 누가 한 말과 먹은 것과 간지러움. 쓰다가 보면 쓰게 되는 문장이 있고 그 문장 때문에 쓰게 되는 다음 문장이 있다. 예전에 썼던 노트를 들춰 보면 일견 일기처럼도 보이는데 일기라고 할 수는 없었다. 내가 썼지만 내가 쓴 게 아니기도 했기 때문이다. 『시작법』을 읽을 때도 비슷한 느낌이지만 그 시들은 내가 쓴 게 맞다.

3

벽

눈을 둘 곳이 없을 때는 종종 벽을 본다. 벽은 단색의 넓은 면으로, 꼭 배경처럼 아무것도 없는 것 같은 느낌을 주는데, 자세히 보면 뭔가 있다. 지금 내가 보고 있는 벽은 모서리마다 벽지가 뜬 채로 울고 있다. 찍히고 긁힌 자국이 있고 빨간 색연필을 지우려다 번진 자국이 있다. 나의 부주의로 구석에 곰팡이도 생겼다. 제거제를 뿌려 닦아도 지워지지 않는다. 그럼에도 전체적으로는 흰 벽지의 벽을 보다 보면 곧, 필연적으로, 새까만 벌레가 기어갈 거라고 믿어 의심치 않게 된다. 「바퀴의 왕」을 쓸 때는 밤이었고 침대에 누워 있었다. 눈을 감았다 떴더니 저쪽에서 검은 자국이 와글거렸다. 벌레는 왜 이 방으로 모여드는 것일까?

4
『벌레를 사랑하는 기분』
정부희

어릴 적 바퀴벌레가 날아 얼굴에 붙은 경험 후로, 벌레가 무섭다. 제주에 이사를 결심했을 때 가장 걱정이 되는 것도 벌레였다. 습하고 더우니까 벌레가 크겠지……? 막상 제주 집에서 벌레를 봤을 때는 패닉이었다. 예상보다 더 커다랬다. 동거인이 나를 방에 가두어두고 30분 동안 혼자 땀을 뻘뻘 흘리며 벌레를 잡았다. 그 일을 「박멸」이라는 시로 썼다. 한 번 나온 벌레는 또 나올 수 있으니까. 만약을 대비하여 다이소에서 잠자리채를 구입했다. 이대로 무서워만 할 일이 아니다 생각하며 책을 샀다. 책을 읽고 나서는 조금이나마 벌레를 들여다볼 여유가 생겼다. 너무 크지만 않다면!

화장실 청소의 문제

가쎄에서 화장실을 이용한다. 변기 옆에 놓인 하나의 솔이 있다. 나는 그 솔로 청소하는 사람을 상상한다. 손님들을 모두 내보내고, 마감 청소를 하는 직원. 변기 옆에 있는 솔은 변기 솔일 것이다. 변기의 시트를 올리고, 안쪽을 변기 솔로 닦겠지. 변기 시트 위쪽은 무엇으로 닦을까? 뚜껑은? 뚜껑을 닦은 솔로 바닥을 닦아도 되나? 세면대를 닦은 솔로 거울은 닦아도 될 것 같다. 그렇다면 벽면은? 바닥은? 바닥을 닦은 솔로 변기 뚜껑을 닦고 변기 뚜껑을 닦은 솔로 시트를 닦고……? 솔은 낱개로 개수가 부족하고 화장실은 연속적이다. 「여기서부터는 다른 작품입니다」를 쓸 때 했던 생각이다.

6
『몰락하는 자』
토마스 베른하르트
Thomas Bernhard

글을 쓰면서는 글렌 굴드의 골든베르크 변주곡만 듣는다. 왜 그런지 생각해 보니 『몰락하는 자』 때문인 것 같다. 나는 글렌 굴드가 아니라 베른하르트가 좋다. 글렌 굴드는 잘 모른다. 다른 사람이 연주하는 골든베르크 변주곡을 많이 들어 보지 않아서 그럴 수도 있다. 베른하르트는 같은 말을 계속 반복해서 좋다. 계속 계속 같은 걸 다르게 여러 번 말한다. 왜 사람은 소리를 낼까. 같은 말을 다른 말처럼 반복할까. 「소음」을 쓸 때. 사람들이 내는 소리가, 내게도 같은 소리가 난다는 사실이 죽도록 싫었다.

7
『당신의 꿈은 우연이 아니다』
안토니오 자드라, 로버트 스틱골드
Antonio zadra, Robert Stickgold

일어나자마자 지난밤 꿈을 받아 적기란 징말 어려운 일이다. 눈은 감기려고 하고 손가락은 굼뜨다. 노트와 쎈은 보이지 않는다. 핸드폰 메모장에 어찌어찌 한 문장을 쓰고 나면 나머지는 증발해 버린다. 예전에는 꿈이 날아가 버리는 것이 아쉬웠다면, 이 책을 읽고는 꿈이란 뇌를 청소하는 과정에서 발생하는 무의식의 조합에 불과하군, 별 대수롭지 않게 지나가게 되었다. 내러티브에 관한 내용도 흥미로웠다. 내러티브를 구축하는 힘이 없으면 우리는 과거를 기억하거나 미래를 상상하고 계획할 수가 없다는 것이다. 나는 이야기라는 것이 왜 필요한지 줄곧 의문이었는데, 그런 거였군……. 『시작법』은 왜 써야 하는지 잘 모르겠는 상태로 떠오르는 것들을 썼다. 쓰고 고쳤다. 의미를 만들어 내려면 어쩔 수 없었다.

8
『롤 베 스타인의 환희』
마르그리트 뒤라스
Marguerite Duras

호밀밭의 롤. 호밀밭에 누워 호밀 위를 쓰다듬는 손길. 그 나른함. 해가 저물고 밤이 되어 몸이 굳도록 롤이 바라보고 있는 부아 호텔의 창문. 롤은 그 창문을 보는 일이 얼마나 지루하고 피곤했을까? 롤이 거기 있는지 확실히 보지 못하는 창문 속 사람들 앞에서. 창문 바깥으로 자꾸만 사라지는 창문 속 사람들을 보면서. 호밀밭의 롤은 창문으로부터 아주 멀리 있으면서 동시에 아주 가까이에 있는 것 같다. 그렇지만 그 장면이 실제로 쓰이기 위해서는 정확한 자리가 필요했을 것이다. 나는 아직 이것보다 더, 뭔가를 쓰고 싶게 하는 장면을 만나지 못했다.

9
『카라마조프 씨네 형제들』 중 「대심문관」
표도르 도스토예프스키
Федор Достоевский

학교 중앙도서관 3층, 러시아 문학 서가 옆에 벨벳으로 된 자주색 긴 소파가 있었다. 나는 수업을 들으러 가지 않고 종종 거기 똑바로 누운 채로 러시아 소설을 읽었다. 『카라마조프 씨네 형제들』의 등장인물인 이반의 서사시, 「대심문관」은 그때 읽은 것들 중 가장 기억에 남아 있다. 돌이켜 생각해 보니 짧은 이야기 안에 아주 많은 것들이 담겨 있고 그것들을 누락 없이 내게 전달했다는 측면에서 인상 깊었던 것 같다. 나는 모르는 게 많지만 그런 걸 쓰고 싶다. 읽고 나면 그보다 더 큰 것.

10
서로이웃

『시작법』의 원고를 묶던 해에 나는 제주로 이사했다. 그러면서 블로그에 일기를 쓰기 시작했다. 사진 몇 장과 짧은 글로, 그날 하루 뭘 했는지 간단히 썼다. (그때는 열한 명의 이웃이 있었다.) 누군가 내 시를 읽을 것이라는 생각에 침울해졌지만 읽는 사람을 나의 이웃이라고 구체적으로 생각하니 그래도 쓸 수 있었다. 친구이면서 이웃이 아닐 수 있지만 이웃은 친구다. 지금도 일기를 너무 자주 써서 미안한 마음이지만, 멀리서 누군가 읽고 있다고 생각하면, 그리고 소식을 전하는 누군가의 글을 읽으면 반갑다. 좋은 일들을 바라게 된다. 건강했으면 좋겠다. 이웃과 이웃 아닌 모두가.

11

도모

도모는 2021년부터 모임을 시작했다. 지금은 자주 만나지 못하지만, 같이 쓰는 시간이 없었다면 시집을 묶을 수 없었을 것이다. 누군가의 신작 시를 가장 먼저 볼 수 있다는 건 굉장히 멋진 일이다. 아무것도 못 쓸 것 같은 날에도 그들은 언제나 쓰고 있었다. 누군가의 글을 오래 본다는 건 그 사람이 어떤 사람인지 알게 되는 과정이기도 하다. 불안과 기쁨을 같이 나눌 수 있어 다행이었다.

이종산

글을 쓰려고 책상에 앉으면 너저분한 책상을 먼저 정리하다 바닥에 머리카락. 돌돌이를 하고 먼지를 닦고 화장실이 더러운 것 같아. 화장실 청소를 하고 눅눅해진 이불 빨래를 한다. 냉장고를 열어보니 장을 보러 가야 할 것 같아. 마트에 갔다가 밥을 차려 먹고 나면 시간이 한참 지나 있다. 이종산은 나의 동거인으로 소설가다. 동거인의 마감을 앞두고 나는 내내 가만히 앉아 있기 위해 노력했다. 앉아 있다 보니 빈 문서를 켜게 되고 뭐라도 썼다. 아마 혼자였다면 쓰지 못했을지도. 이 모든 글을 쓰다 보니 내가 혼자가 아니라는 사실을 새삼 깨닫게 된다. 고맙습니다.

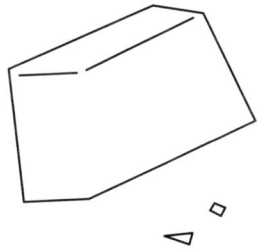

한여진

좋아하는 것이 많고 싫어하는 것은 더 많은 사람.
다음날 그것들이 전부 뒤바뀌어 있어도 이상하지 않은 사람.

한여진의 첫 시집
『두부를 구우면 겨울이 온다』
2023, 문학동네

시집 사용법. 프라이팬에 구우셔도 좋습니다.
맛은 없을 거예요. 캠핑하러 갔을 때 너무 춥다면 연료로
써 주세요. 따듯했으면 좋겠습니다. 연말 마니또 선물에
쓸모없는 물건으로 제격입니다. 이 세상에 쓸모없는
것들이 많았으면 좋겠어요. 메모지가 필요하다면
여백이 많은 시를 찾아 그 사이사이 공간을 메워 봅니다.
백지상태의 문서를 띄워 놓고 이 시들을 쓸 때 무엇이든
상관없다는 마음이었습니다. 그러니 이 시집으로
무엇이든 하셔도 좋습니다.

『두부를 구우면 겨울이 온다』의 소스 리스트

1
도면

하루에 가장 많은 시간을 도면(건축)과 백지(시) 앞에서 보낸다. 도면은 수많은 은유이다. 여러 기호와 선과 숫자들의 의미를 읽어 내기 위해선 섬세한 인내가 필요하다. 수백수천 장의 도면들이 모여 하나의 건물을 만들어낸다. 어제는 보이지 않던 것이 오늘 불현듯 보이기도 한다. 도면에 있던 것이 현장에 없거나, 그 반대의 일이 매일 벌어진다. 건축과 시 쓰기는 아주 다르면서도 아주 닮은 일이다.

2
자

모든 사물은 길이를 지니고 있다. 가령 평균적인 계단의 높이는 15cm, 보통의 문 폭은 90에서 100cm. 바닥에서 천장까지의 높이는 270cm, 스위치의 높이는 110cm. 하지만 평균은 누가 정하는가? 도로와 인도의 폭은 적정한지, 편의점 입구에 문턱이 있지는 않은지, 버스 정류장의 손잡이는 누구에게나 손을 내밀고 있는지. 이 거리들을 감각하기 위해선 몸을 예민하게 활짝 펼쳐 놓아야 한다. 내 안의 자를 이용해 거리를 잰다. 시 쓰기를 위한 몸이 된다.

3
라바 콘

라바 콘은 안전 혹은 경계를 위해 설치한다. 그 안쪽에서는 모종의 중요한 일이 벌어지고 있다. 그러니 관계자가 아닌 이상 넘어오면 안 된다는 뜻이다. 누군가에게는 미지의 세계이다. 내가 모르는 세계, 그 세계가 궁금해서 엔지니어가 되었다. 내가 모르는 세계, 그 세계가 궁금해 글을 읽고 쓴다.

4
책상

지금까지 몇 개의 책상을 거쳐 왔을까? 동화책을 읽고 꿈꾸던 유아용 책상, 사실 꿈이란 없는 게 아닐까 의심하던 수험생의 책상, 엎드려 졸던 독서실의 책상. 아르바이트하던 카페 구석에서는 우유박스를 뒤집어 놓고 책상으로 썼다. 작업실의 책상은 사 놓고 읽지 못한 책들로 가득하다. 도면으로 가득한 사무실의 책상, 건축 자재와 안전모가 어지럽게 널려 있는 현장 책상도 내 것이었다. 어느 순간부터 모든 책상 사진을 찍어 보관한다. 그 책상들 위에서 나의 시들이 태어나고 완성되었다.

5
타이콘데로가 연필

사각사각. 글쓰기와 함께 찾아오는 첫 번째 리듬은 흑연이 종이와 마찰을 일으키며 내는 소리이다. 내가 좋아하는 연필은 손에 쥐었을 때 전체적으로 가볍지만 무게 중심이 적당하며 지우개가 달린 연필이다. 진하고 부드럽지만 너무 번지지는 않아야 하고 무엇보다 저렴해야 한다. 이 모든 조건을 갖춘 연필은 딕슨 社의 타이콘데로가 연필이다. 손안에 든 연필을 자세히 관찰하고 나면 이제는 진짜 글을 써야 할 때이다.

6
해피해킹 무접점 키보드

또각또각. 글쓰기와 함께 찾아오는 두 번째 리듬은 열 손가락 끝이 키보드 자판을 누르며 내는 소리이다. 대부분의 시작 노트는 연필로 쓰고 초고는 컴퓨터로 작성한다. 다음 문장으로 도무지 나아가지 않을 때는 손가락의 감각에 집중한다. 마치 트랙에 올라탄 마라토너처럼 계속 달린다. 또각또각. 그에 비해 지우는 일은 간단하다. 오른손 세 번째 손가락으로 'Backspace' 키를 한참 누른다.

⟨Maybe 也許啊⟩
Hogan T. 鄒序

시를 퇴고할 때는 낯선 언어로 된 노래를 자주 듣는다. 제목도, 노래하는 이도, 가사도 알 수 없는 노래를 듣다 보면 멜로디에 오롯이 집중하게 된다. 음의 높낮이(Hz)로만 가득한 세상에 몸을 맡기면 가사(언어) 없이도 느껴지는 무언가가 있다. 4분짜리 음악에는 온 세상이 담겨 있다. 이럴 때 언어의 한계를 느낀다. 하지만 이 한계 때문에 자꾸만 언어를 고친다.

「질문집」
다니카와 슌타로
谷川俊太郎

자기만의 세계를 그리고 싶은 이에게 가장 필요한 것은 질문하는 힘이다. 상상 속의 개, 들판의 이름 모를 꽃, 여섯 걸음 뒤에 맡게 될 냄새, 김이 나는 된장국, 나의 사전. 시인은 이 모든 것들에게 질문하는 자이다. 그것은 의심하는 자세이며 익숙한 것을 깨부수는 힘, 옳고 그른 것이 없는 무의 세계로 들어가는 힘이다. 백지 앞에서 헤맬 때마다 이 시를 읽었다.

9
『봄날』
이강백

속 깊은 사람을 만나면 소설을 읽고 싶다. 복잡한 소설을 읽으면 칼날 같은 시가 쓰고 싶다. 바람결 같은 시를 읽으면 먹먹한 연극을 보고 싶다. 눈시울 붉어지게 만드는 연극을 보면 소리 내어 희곡을 읽고 싶고, 좋은 희곡을 읽으면 사람의 일에 대해 생각한다. 살아가야 할 이유는 이것으로 충분하다.

10
무대

아마추어 극단에서 활동한 적이 있다. 무대를 만들 땐 합판과 각목으로 거의 대부분의 세상을 구현한다. 관객들은 다 만들어진 무대를 마주하지만 무대 뒤편의 일은 알 수가 없다. 하지만 자신들이 등장하지 않는 장면이 진행될 때에도 배우들은 그곳에 있다. 무대 뒤편에서 보이지 않는 관객들과 그날의 분위기를 읽어내기 위해 온몸에 긴장을 늦추지 않는다. 관객들이 웃으면 무대 위의 상황을 알지 못한 채 상상한다. 한 편의 시를 쓰고 나면 나는 무대 뒤편으로 도망친다. 나머지는 독자들에게 맡긴 채로.

11
청소

세상에서 유일하게 내 마음대로 되는 것. 청소하는 도중엔 이 일만 끝나면 아주 멋진 글을 쓸 수 있을 것 같은 자신감에, 청소가 끝나면 완벽하게 정리된 공간을 둘러보며 아주 날카로운 글을 쓸 수 있을 것 같은 자신감에 찬다. 하지만 백지 앞으로 돌아가는 순간 뒤죽박죽인 마음을 마주한다.

12
나무

이름을 아는 나무가 매년 조금씩 늘어난다. 나이 먹는 일의 즐거움. 그래도 인류가 이름을 붙인 나무보다 인류에게 알려지지 않은 나무가 더 많고 거리에는 내가 아는 나무보다 모르는 나무가 훨씬 더 많다. 길을 걷다 자주 멈춰 가로수들을 들여다본다. 인사를 한다. 안녕, 만나서 반가워. 앞으로 쓰게 될 시들도 이렇게 올 것이다.

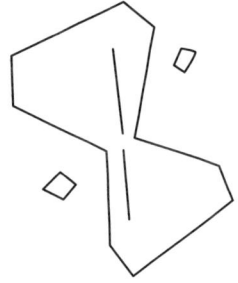

한영원

시와 소설을 쓴다. 요즘의 나는 심사가 편해 죽음의 문턱이라는 걸 밟아보지 못한 사람처럼 해맑다. 내가 예전에 겪었던 일은 뭉뚱그려지고 조그매져 혹은 형체를 감추어 집에서 잃어버린 뱀이나 곤충 같다. 밤이 되면 사부작거리는 소리가 나면서 그것의 존재가 집 안 어디에 있는 것 같기는 한데, 어디에 있는지 불만 켜면 도망가 버려서 찾지를 못한다. 가끔 비가 오는 날이나, 하늘이 어두운 날이면 나는 밖에서도 집 안에 있는 그것이 생각나기도 한다.

한영원의 첫 시집
『코다크롬』
2023, 봄날의책

첫 문장을 쓸 때의 자유는 몸에 주입한 독이 조금씩 쌓여 치사량에 다다를 즈음 사라져 버렸다. 마지막 문장은 다시금 그 세계로 건너가지 못하도록 문을 닫는 열쇠였다. 그 열쇠를 강에 던져버린 뒤 둑에 앉아서 가만히 물이 흐르는 것을 오래도록 지켜보았다. 집에 돌아왔을 때 열쇠는 내 바지 주머니 안에 있었다.

『코다크롬』의 소스 리스트

한유주

1
윌리엄 셰익스피어 *William Shakespeare*

『코다크롬』의 서문은 『템페스트』를 인용하면서 시작된다. 자주 우리는 우리가 꿈에서 탄생했다는 것을 잊는다. 우리는 꿈에서 먹고 잠들고 살아간다. 꿈에서 일하고 꿈에서 꿈꾸며 꿈에서 죽는다. 너무나도 오랫동안 꿈을 꿨기에 꿈에서 했던 생각을 현실에서 마치 처음 선보이는 것처럼 말하기도 한다. 그러나 꿈이 선행했다는 진실을 잊으면 안 된다. 『템페스트』나 『맥베스』에서는 꿈의 지시로 인간의 운명을 다루는 부분이 등장한다. 셰익스피어는 꿈의 영역을 잊지 않는다. 우리가 상상할 수 없고 꿈꿀 수 없다면 어떤 이야기도 만들어지지 않는다는 사실을 나는 좋아한다.

2
『강철의 연금술사』
아라카와 히로무
荒川弘

서사 예술가라면 인간의 마음을 다루는 작품에 대하여 얘기해야 하는 순간이 올 수밖에 없을 테지. 내게 누군가 그런 작품에 대해 묻는다면 이 작품을 빼놓을 수 없을 것만 같다. 이 작품에는 문을 연다는 행위에 관한 철학적 고찰과 메타포가 주요하게 등장한다. 문 앞에는 우리가 모르는 어떤 진리나 바라는 소원 혹은 기다리던 사람이나 돌아오지 않길 바랐던 이가 있을 수도 있다. 최종장, '진실의 문'이 등장하는 부분은 그 미래에 대한 은유이다. 기계 팔을 단 주인공 소년은 문을 열어 어떤 진리를 알게 된 대가로 그저 계속해서 삶을 이어 나갈 뿐이다. 그렇기에 이곳엔 단지 삶을 지속하는 마음이 있다.

3
『헛된 기다림』
나딤 아슬람
Nadeem Aslam

「시네라리아」는 한 번도 가보지 못했지만 내가 발굴해 내어 내 것처럼 느껴지는 몇 개의 풍경에 관한 시이다. 아프가니스탄에서는 도시 뒤편으로 저녁놀이 지면 햇빛을 받은 광물들이 청회색 에메랄드 빛으로 반짝이는 암산이 펼쳐져 있다고 한다. 그리고 그 아름다운 광물들은 전쟁 물자로 이용된다고 한다. 나는 이 책을 처음 보았던 날로부터 지금까지 아주 오랫동안 소설 속의 숲을 걷는다. 그러다가 어느 집으로 들어간다. 학자의 집이다. 종교 탄압으로 인해 집에 있는 모든 고서가 벽에 못 박혀 있다. 모든 책이 도살된 장소에서 조용히 잠에 드는 소설 속 주인공이 되어 본다.

4
엔카

일제강점기를 겪은 친할머니는 자주 엔카를 부르시고 좋아하셨다. 엔카의 매력은 구슬프고 청승맞다는 점에 있다. 엔카를 듣고 있으면 어째서 부르는 이가 이렇게 애달파하고 있을까 하는 기분이 든다. 할머니는 미소라 히바리의 〈진세이 이치로〉, 이시다 아유미의 〈블루 라이트 요코하마〉, 야마구치 모모에의 〈애염교〉 등을 즐겨 들으셨고, 시집이 나오기 일 년 전 돌아가셨다. 시집에 「진세이 이치로」라는 시가 있다는 걸 보여준다면 할머니는 어떤 자세로 읽을까 궁금하다.

5
계시록

『코다크롬』에는 계시록이나 선지자, 끝을 지켜보는 샤먼에 관한 얘기가 나온다. 예언을 받아 적는 선지자에 대해 종종 생각해 본다. 신을 미워할까? 체념할까? 굳건히 사랑할까? 나는 어떤 종교에서든 계시록을 유독 좋아한다. 신학자 사이에서도 의견은 분분할 테지만 나는 계시가 일종의 암묵적인 근심이나 염려라고 생각한다. 보호자나 훈육자들이 아이를 교육할 때 간혹 쓰는 '내 말을 듣지 않으면 너는 망할 것'이라는 말투에서 신과 종교, 인간과 믿음과 사랑에 대한 통찰을 마주할 때가 있다. 하지만 나는 '망하는' 종말을 향해 가는 서사 안에서도 유독 말을 잘 듣지 않는 어린이였다.

6
『시간과 타자』
에마뉘엘 레비나스
Emmanuel Levinas

레비나스는 내가 아는 철학자 가운데 가장 우유부단한 사람이다. 계속해서 사람을 사랑하는 일을 포기하지 않는 지점에서 그의 철학이 탄생하는 듯하다. 『시간과 타자』에서 그의 성정을 엿볼 수 있다. 나는 책을 읽을 때마다 그가 어리석다고 느낀다. 누군가 버린 물건을 집으로 들고 와 그 물건이 왜 버려졌는지 계속해서 생각하는 사람 같다. 나도 그런 어리석은 일을 계속하는 중이다. 타인은 내게 왜 필요한 걸까? 그런 물음이 『코다크롬』 안에 그리고 내 안에도 여전히 고요히 숨겨져 있다고 느낀다.

7
『해 질 무렵 안개 정원』
탄 트완 엥
Tan Twan Eng

일본식 정원 가레산스이枯山水는 태양빛이 비치는 시간과 빗물이 고이는 경사까지 계산하여 잔디를 깎고 돌을 배치하고 물이 흐르게 만든다. 자연을 가둬 두는 것처럼 보이는 이 정원 양식은 마치 신을 가둬 두려는 행위와도 같다. 정밀하게 만들어 놓은 시간의 정원은 아름다우면서도 폭력적인 지점이 있다. 이 소설에 나오는 여자는 말레이시아 출생의 대법원 판사로 일본군 수용소의 마지막 생존자였던 뼈아픈 기억을 지니고 있다. 여자는 아름다운 가레산스이에서 머물며 끊임없이 복수를 꿈꾼다. 그녀가 머무는 한 정원은 작은 국경 지대였다. 지워지지 않는 기억에 대한 묘사와 사유가 『코다크롬』을 쓰는 내내 나의 정신 일부분을 점유했다.

8
『이피제니』
장 라신
Jean Racine

에우리피데스의 이피게네이아 신화를 모티프로 라신은 또 한 명의 이피제니를 등장시켜 새로운 내용으로 극을 확장한다. 라신은 갈등과 양면성을 가지고 논다. 역설을 통해서 어떤 말도 하지 않으며 하고 싶은 모든 문장을 발화한다. 그걸 라신적이라고 부른다. 희곡을 읽다 보면 인물의 행동을 전혀 보지 못한 채로 텍스트로만 느껴지는 갈등의 기류를 눈치채야 하는데 그 지점에서 오는 긴장감을 좋아한다. 그리고 그 긴장은 자유롭게 변질된다. 내가 대사를 시에 많이 넣는 이유다. 그게 나만의 극시가 된다. 「큰새와 영영」, 「사다리를 붙잡은 사람」 등이 그런 형식에 영향을 받았다.

9
1990년대 시집

저기 꽃을 파는 아가씨는 내가 잘 아는 여자다. 내가 어제 택시를 태워 주었다. 그녀는 맨발로 탔다. 그런 장면 같은 시집 몇 권을 안다. 영혼을 모서리 끝까지 밀어붙이는 언어. 장경린은 화자를 대체해 코드로 치환하고 김언희는 더 깊은 지옥의 언어를 주고 김정란은 짐짓 가벼운 듯 웃는 우아한 모순을 선사한다. 스러져 가는 이의 다양한 목소리를 호명하는 방식이 시집에 많은 영향을 주었다. 그러나 지나치게 몰입했기에 사랑에 몸을 가누지 못할 정도로 취한 이의 잔상에서 빠져나와야 한다고 느낀다. 그러나 빠져나와야 하는 걸까? 내게 안정과 경계를 동시에 가져다주는 1990년대……

10

〈회로〉
구로사와 기요시
黒沢清

제로년대의 창작자들이 했을 상상이 가끔 부럽다. 기요시는 '호러'가 원초적 공포를 마주한 인간의 행동을 가장 잘 보여주는 장르라고 말한 적 있다. 그렇다면 가장 호러다운 호러는 결국 인간 본연의 결핍을 보여주는 게 아닐까 싶다. 이 영화는 인간이 어떻게 귀신이 되는지에 관한 영화이다. 그 말인즉슨 인간은 어떻게 인간으로 남는지에 관한 이야기이기도 하다. 시 「아게하」에는 영화가 가진 종말론에 대한 사유가 등장한다. 삶이 당연하지 않다는 사실은 내가 늘 애정하는 제로년대의 루머이다.

11

〈겨울 빛〉

잉마르 베리만
Ingmar Bergman

신은 왜 인간의 고통에 대해서 침묵하는지에 관한 영화지만 나는 이 영화의 주제보다는 감독이 겨울의 이미지를 어떻게 사용하는지에 더 관심이 있다. 한 컷 한 컷마다 이어지는 겨울 풍경은 서정적이면서도 차분하게 인물의 감정을 표현한다. 베리만이 이미지를 차용하는 방식에는 굉장히 시적인 구석이 있다. 「겨울 전원」은 이 영화를 본 뒤 쓰게 되었다. 흘러가는 장면은 지붕 위에 고요히 두텁게 쌓인 눈처럼 보인다. 영화가 끝날 때까지 무너지는 기색 없지만 단단하게 얼어붙는다. 봄이 오면 녹을 테지만, 그런 걸 희망이라 부를 수는 없을 것 같다. 좋은 영화는 그저 목도하게 한다.

12
숲

「저기 내가 모르는 숲」은 시집의 마지막 시이다. 자주 가는 숲이 있다. 나는 그곳에 누군가와 함께, 혹은 혼자 간다. 아주 이른 아침이나 점심, 그리고 저녁이나 밤, 새벽빛이 들 때, 그곳에 가서 아버지와 즐겁게 얘기하거나 싸운 채로 돌아오기도 하고 홀로 사색을 하러 가기도 한다. 숲은 나무들이 오랫동안 서 있는 곳이다. 한여름 정오에도 빛이 잘 들어오지 못할 만큼 빽빽하게 나무들이 서 있다. 그곳에 나는 다양한 표정을 묻어 두고 돌아온다. 기립한 목격자들을 마주한 뒤 돌아오면 어떤 표정도 조금 덜 부끄럽게 느껴졌다.

소스 리스트 Vol. 4

초판 1쇄 발행 2025년 11월 26일

📖

지은이
김민지, 마윤지, 예소연, 유선혜, 이서아,
전하영, 차유오, 차호지, 한여진, 한영원

추천의 말
백은선

기획 및 편집
이세미 이재림

디자인
피칸트 *pikant.kr*

✉

펴낸이
이세미 이재림

펴낸곳
재미공작소

등록
2013년 10월 22일 (제 2013-000121호)

주소
서울특별시 영등포구 선유로24길 10, 2층

메일
zemistudio@gmail.com

블로그
blog.naver.com/studiozemi

인스타그램
@studio_zemi

ISBN
979-11-995257-0-2 03800

이 도서의 판권은 지은이와 재미공작소에 있습니다.
양측의 서면 동의 없이 책 내용의 일부 혹은 전부의 재사용을 금합니다.